從巴哈到海頓時期的
小號演奏風格演變

鄧 詩 屏 著

文 史 哲 學 集 成
文史哲出版社印行

國家圖書館出版品預行編目資料

從巴哈到海頓時期的小號演奏風格演變 / 鄧
詩屏著. --初版. --臺北市：文史哲,民 97.4
　　頁：　公分. (文史哲學集成；541)
　　參考書目：面
　　ISBN 978-957-773-6 (平裝)

1. 小號　2. 演奏　3. 樂評

918.604　　　　　　　　　　　97005250

文史哲學集成　　541

從巴哈到海頓時期的
小號演奏風格演變

著　　者：鄧　　詩　　屏
出版者：文　史　哲　出　版　社
　　　　　http://www.lapen.com.tw
登記證字號：行政院新聞局版臺業字五三三七號
發行人：彭　　正　　雄
發行所：文　史　哲　出　版　社
印刷者：文　史　哲　出　版　社
　　　　臺北市羅斯福路一段七十二巷四號
　　　　郵政劃撥帳號：一六一八○一七五
　　　　電話886-2-23511028 · 傳真886-2-23965656

實價新臺幣 三五○元

中華民國九十七年（2008）四月初版

前　言

幾年前拜讀了徐頌仁教授的著作《歐洲樂團之形成與配器之發展》，使筆者心中興起一股熱情，試圖探究銅管樂器在不同時代潮流中，各種發展與應用的情形，之後又接觸到幾篇討論早期西洋音樂的文章，並有幸承蒙母校新英格蘭音樂院鋼琴系主任 Bruce Brubaker 教授指教，介紹了許多探討巴洛克風格的專文與書籍，更引發筆者研究小號源流與演變的興趣。本書的寫作動機，主要來自專家論述的啟發，再加上，筆者對音樂史的重視與喜愛，因此，本書的研究綱目，選定以小號演奏歷史上最輝煌的巴洛克時期為中心點；並且，以古典時期風格做為對照。

寫作的過程中，承蒙多位學養俱佳的師長給予指正與教導，在此無法一一致謝，誠懇地希望，本書在探討小號的演奏風格演變方面，提供些許參考價值，以不負自我的期許與師長的指導。

最後，願將這本書獻給我的家人。

鄧詩屏 2008 年 2 月於台北

2　從巴哈到海頓時期的小號演奏風格演變

從巴哈到海頓時期的小號演奏風格演變

目　　錄

圖像目錄

譜例目錄

第一章 緒 論

第一節 研究動機

巴洛克時期是小號演奏技法的黃金時期，這輝煌的時代神秘地在十八世紀中葉結束，卻又透過古典時期的醞釀再度於十九世紀以不同面貌發揚光大，其中以巴哈與海頓為核心的研究，十分的有藝術價值，也可以為小號歷史上重大的演奏風格演變提供線索。

在進一步的學術探討之前，先回到最初的一點，小號這樣銅管樂器有那些本質上的特點？有關於這個問題，把它分為兩個部分來談，最後再總結出結論。

第一個部分是對於吹奏小號的人們，小號有何迷人之處呢？吹奏小號的困難度非常高，日復一日的練習，絕不能保證成功的演奏，其主要的原因在於，不同於鍵盤樂器，弦樂器以及一切的打擊樂器與木管樂器，銅管樂器的吹奏仰賴身體一部分的振動，也就是唇的振動，為聲音的來源。反觀鍵

盤樂器的音源，乃來自於琴槌打擊琴弦或琴撥挑動琴弦。弦
樂器的音源來自於弓與弦的摩擦，木管樂器的音源主要來自
於兩方面，簧片或空氣的振動與摩擦。

　　由於小號的音源來自吹奏者本身身體的一部分，吹奏者
便感受到一種極強烈的自體感受，隨著音樂的起伏而持續不
斷地回饋到全身上下，這樣直接的感覺，是一種會令人上癮
的參與感，所有的演奏家中，只有以聲帶與身體來表演的聲
樂家可以體會；事實上，聲樂原本就是最困難的一種樂器，
而銅管家族面對的障礙，可說是不亞於聲樂的難度。

　　對小號演奏者來說，習樂的過程雖然辛苦，可是能夠清
楚地感受到樂器與自身的結合，並且吹奏出美好的音色，本
身就是一件十分愉快的事。

　　回到遠古時代，在巨大而幽暗的洞穴中，先民吹奏牛角
或是海螺空殼，所產生的迴響與神秘的情緒感染力，必定深
深地震撼著所有聆聽的人！無論是出於宗教儀式或是戰爭的
需要，當號角聲被奏起，任何人絕對可以不經語言的溝通，
而產生相當一致的感受。

　　生活在現代的人們，生活周遭充滿了各種人造的聲響，
也許頗難想像遠古的先民在無邊的黑暗與寂靜中，聽到號角
聲悠遠地傳來時，心裏那一份無法言喻的悸動，但是筆者強

烈的相信，這一份悸動。的確是一代又一代穿越數千年時空，仍不止息地存在於每一個人的血液中！

　　以上就是有關小號爲何迷人的另一個部份原因；除了吹奏者本身直接得到的回饋感，任何聽到小號聲音的聽眾，無論有意或無意，第一個反應總是強烈的，令人心跳加速的興奮感。那是一種搓揉著驚懼，期待與快樂的情緒，這樣的情緒應來自祖先遠古的殘留，仍活躍在每一個人身上。任何一個出色的作曲家，都不會放過這一個強而有力的作用，當他們要召喚聽眾最本能的刺激感時，適時加入銅管總是有一定的效果。

　　當然，在人類歷史的長河裏，仍有太多地區性或不同文明之間巨大的差異，人們必須先理解藏傳佛教在西藏的宗教地位，然後才能體會西藏僧侶吹奏起喇叭時，人們的敬畏之情，至於歐洲的騎兵號角，極可能與歐陸千年來不停的互相征伐有關，而貴族們閒暇狩獵時，號手一邊馳騁在馬背上，一邊響亮地吹起獵號，想必任何人聽見這樣的號音，也都會熱血沸騰吧！

　　絕不能否認的是，銅管樂器在成爲室內樂成員之前，有極長的時間，根本和音樂藝術扯不上關係，反而是軍事、宗教或傳遞訊息不可或缺的工具！人類使用的樂器，以打擊樂

出現最早,而簧片類木管樂器與撥彈類弦樂器,也極早出現在各種場合,稍晚,銅管樂器才以木頭、象牙或獸骨材質,首度出現,受限於狹窄的音域與單調的泛音系列,銅管樂器始終難以與人聲合奏出較複雜的對位,在古代,無法奏出旋律的樂器,就可能無法獲致注意!銅管樂器的發展,直到十五世紀才有很大的轉變[1],一方面,冶金技術更發達了,法國號(自然號)的管身更長,並且增加了音域,在其第四泛音列,上已可以奏出音階,音域也與人聲相當,此外,最早進入教會的銅管樂器 —— 長號,也在此時被發明出來,其特殊的滑管設計,使得長號得以與合唱團、管風琴或數字低音組合作無間,堪稱銅管音樂史上最成功的古代發明,從長號被發明至今已超過五百年,它的設計沒有太大改變,就可證明其優越性了。

在短暫而豐富的巴洛克晚期快速地沒落之後,一種更為簡化也更易於演練的風格迅速席捲歐陸,均衡且透明的古典風格,很快就取代了需要更多時間,才能熟練的巴洛克風格。簡單地說,也就是一種簡化的運動[2],這個新的音樂風格始於

---

1 Baines, Anthony. 《*Brass Instruments：Their History and Development*》. 第七章【銅管與教會】。
2 Gordon, S. 《*A History of Keyboard Literature Music for the Piano and Its Forerunners*》. 第五章【華麗風格】。

十八世紀上葉，在奧地利作曲家海頓手上臻於成熟，莫扎特[3]
使它完美，而貝多芬[4]則賦予它新的生命和定義。三者之中，
海頓的成就最不起眼，卻是最重要的一環，因爲他是真正底
定古典風格曲式的作曲家，也是一位極具開創性的音樂家，
所以，本書中所討論有關小號的沒落，如何由巴洛克時期的
台上主角，成爲古典時期的配角，而這短暫的沉寂，又是如
何迸發出更高的能量，爲現代小號吹奏藝術奠定了基礎。海
頓的作品，將可以提供最清楚的答案。

　　從巴哈到海頓，從巴洛克晚期最後一位大師，到古典時
期開創性巨匠，兩人的個性迥然不同，創作內涵也大相逕庭，
但是卻正好可以爲本書所欲尋求的答案提供解答；對於剛進
入二十一世紀的小號音樂愛好者而言，希望能提供不同的視
野，深化欣賞的角度。而對從事小號演奏的專業音樂家而言，
或許能透過理解，更從容地演奏巴哈的布蘭登堡協奏曲，或
是 b 小調彌撒曲。面對海頓小號協奏曲如此熟悉的曲目，也
不會再視爲理所當然，而能更尊敬這一得來不易的音樂成果。

---

3 莫札特（Wolfgang Amdeus Mozart, 1756-1791），古典時期奧國作曲家，
　有「音樂神童」之稱。
4 貝多芬（Ludwig van Beethoven, 1770-1827），古典時期德國 —— 奧國作
　曲家，有「樂聖」之稱。

第二節　研究範圍

　　有關於小號演奏風格的討論，理論上並不適合以文字為溝通的媒介，而最好是以實際的表演，在不同的場地，以不同的曲目與不同的樂器編制，展現出文字無法傳達的情感和格調，從而領會歷史和文明的軌跡。然而，若能先以文字來闡明若干文化上或社會背景對演奏風格的正負面影響，或許可以在資訊爆炸的今日，提供一些有用的觀點，進而幫助所有從事小號演奏工作，或是對小號音樂深感興趣的愛樂人士，進一步了解小號在過去三百年至兩百年之間演奏風格的演變。在本書中，討論的範圍主要聚焦於巴洛克時期晚期到古典時期晚期的演變。代表性的作曲家則以巴哈[5]與海頓[6]為討論中心。另一方面，也以不小的篇幅探討小號本身的樂器發展史，希望能將小號的性能和風格闡述得更清楚。

　　對於音樂歷史學者而言，要嚴格定義巴洛克時期確實發軔於歷史上那個時點絕非易事，而此一時期的音樂風格，時至今日，三百年的時光洗禮，卻愈發展現出巴洛克時期音樂

---

5 巴哈（Johann Sebastian Bach, 1685-1750），巴洛克時期德國作曲家，有「音樂之父」稱號。

6 海頓（Joseph Haydn, 1732-1809），古典時期奧國作曲家，有「交響樂之父」、「弦樂四重奏之父」之稱。

元素的內容與結構是如此不容錯認，單純與繁複共存於精密的數學計算之中，由數字低音所構成的基礎，使得各種樂器的演奏技術臻至極高的水準，對於小號這個高音銅管樂器而言，也是如此。

　　由於鍵盤與低音樂器如低音管、大提琴等組成了一個綿密而堅實的基礎結構，因此，巴洛克時期的創作重心，或是說樂念的發展，大都以高音的線條來表現，因此，高音域的旋律樂器或人聲，得到了大展身手的機會，它們在數字低音的襯托下，盡情地表現其輝煌又華麗的音樂性。小號的演奏技術與音樂風格，在巴洛克時期達到了一個前所未有的輝煌時代，在義大利，有韋瓦第[7]、科瑞里[8]等人為小號譜寫獨奏協奏曲，英國音樂大師普賽爾[9]，或是遠渡重洋到英國發展的德國作曲家韓德爾[10]，均為小號的演出曲目增添光彩。在本書中，將以巴哈與海頓為探討的中心點，畢竟，巴洛克時期係以巴哈的卒年為分水嶺，身為巴洛克時期最後一位代表性人物，巴哈的作品成熟地呈現了繼承自藝術前輩的精華，並

7　韋瓦第（Antonio Vivaldi, 1678-1741），巴洛克時期義大利小提琴家、作曲家。
8　科瑞里（Arcangelo Corelli, 1653-1713），巴洛克時期義大利作曲家。
9　普賽爾（Henry Purcell, 1659-1695），巴洛克時期英國作曲家。
10　韓德爾（George Friedrich Handel, 1685-1759），巴洛克時期德國作曲家，活躍於英國。

且以自身的強大洞察能力，將作品內涵推到一個空前的高峰。由於某些未知的原因，巴哈並未創造出另外一條新的道路，儘管他擁有絕對的能力與條件來創製出屬於新時代的音樂，但顯然巴哈並無意創造不同的架構，而是將心思用在追求既有格式中音樂內容的精純與完美，也正因如此，反而在作品中凝聚了貫穿時代的力量，時至今日，人類仍然可以在他的音樂中獲得啓發與益處。在本書中筆者將試著解釋巴洛克晚期小號演奏風格與技巧的演變，而內容方面，是以巴哈與海頓的各時期作品爲中心點，並以輻射狀向地理與歷史的來龍去脈追尋線索，因此本書範圍也包括歐洲各主要音樂發展地區，在巴洛克前後一百年的情況。透過對更多細節的研究，從而理解小號在音樂史上重要的一頁。

第三節　研究方法

　　研究從巴哈到海頓時期，大約一百年之間的小號演奏風格演變的途徑主要有三個，其一是採集前人研究的心得與歷史事件的記載，透過對典籍的研讀推敲出主要的線索和枝節，之後再努力的聆聽同時代的作品，建立一種更清楚的風格感受力，於此同時，研讀樂譜也是很重要的，如果能忠實地依循上述步驟一一實行，應該就可以對不同時期的音樂風格產生出頗為明確的理解能力與認知能力。

　　然而還有第三種途徑，可以透過實踐而得到深刻的洞察能力，那就是以實際參與演奏研究對象的作品，來感受其音樂織度中埋藏的力量和感情。

　　筆者採取的研究方法，就是以這三個主要步驟來進行的。

　　同時，在本書中除了小號演奏的風格演變，所呈現出來的音樂內容之外，對於小號本身，在樂器發展史上的轉變也加以探討，因此，在研究方法上也經由小號樂器發展史的考證來說明某些音樂風格存在的必然性。

　　總結而言，研究工具包括音樂史、曲式學與樂器學的探討，也包括實際演奏相關作品的心得，目的是以更豐富的層

次，闡明本書的觀點。

　　由於研究面向寬廣，參考書目的研究範圍也更加廣泛，除了基本教科書與音樂辭典之外，針對特定名詞或事件的探討與理論應用，都至少使用兩本以上的著作或論文，深入探究，最後加上筆者個人的分析與觀察；本書結論部分，乃依據上述基礎完成。

第二章　小號的樂器史概論

第一節　上古時代

小號始祖的起源，就如同所有其他銅管樂器同出一系，在所謂史前時代，缺乏文字記述的人類早期歷史中，或許是出自人類對不同聲響的嘗試，也許是出於人類對大自然聲音的模仿，而更可能只是由於人類的好奇心使然，銅管樂器的初響於焉誕生。

不起眼的海螺，卻是銅管樂器的最初起源。（圖1）

　　拾起一支破損的貝殼，就能觀察到其中空螺旋狀的構造，正好巧妙地形成一支盤旋放大的管狀物。試想上古時代居住在海角一隅的人類，好奇的傾聽巨大的海螺空殼中迴盪著的海潮聲，他必定懷疑有精靈存在其中，否則大自然的潮汐風聲怎能傾注在螺殼之中呢？

　　上古的人類不懂物理學，他們不明白螺殼圓錐狀的內部空間有極強的放大作用，任何細微的空氣流動都被捕捉放大成為風聲，而非鬼神作法。也許上古時代的人類在食用螺肉之後，好奇地將海螺破損之缺口套在口鼻上，唱出嗡嗡的聲音，並驚異於自己發出的放大迴音在洞穴中共鳴著，更或許是其中某人在遊戲之中，不經意地振動了自己的嘴唇，而在海螺上發出了前所未聞的號角鳴響，這麼一來，先民的聽覺震撼是可想而知的；銅管樂器也於焉誕生了！

　　人類在史前時代，就懂得使用打擊樂、歌聲和舞蹈來進行慶典或宗教儀式，至於海螺、獸角或獸骨製成的銅管樂器始祖的加入，則大大地強化了音響上的效果，也加強了儀式本身的力量，此外，諸如戰爭、狩獵或傳遞訊息等等用途，都使得這種新的共鳴樂器大為流傳。

直到今日，在若干文明中，原始銅管樂器仍扮演重要儀式性角色，圖為波利維亞原住民的慶典，一名衣著華麗的號手，吹奏海螺的情形（圖2）

烏干達原住民在慶典行列中吹奏橫式的小號。（圖3）

所謂的銅管樂器（Brass Instrument）的界定方法，乃是在於吹奏方法上的定義，而不在於樂器本身的材質[1]，所以儘管海螺、牛角、象牙乃至於木頭等材質所製造成的號角，與金屬毫無關係，但是其發聲方法，都是由吹奏者送氣，振動嘴唇之間的空氣才能產生共鳴聲響，因此，在定義上，上述百分之百是銅管樂器家族始祖。

對小號（trumpet）來說，上述的銅管樂器始祖在更精確的界定下，是法國號（Horn）的直系始祖，而並不是小號的近親，只要用心去聽獸角、海螺的音色，就可輕易發現其渾厚、低沈的音色，相當接近法國號的音色，而完全不同於小號明亮、華麗的音色。

其原因非常簡單，法國號的管身構造是一體圓錐形，從頭到尾逐漸放大，所以音色接近大自然的產物，牛角、鹿角、海螺製成的號角也是一體圓錐形，而小號的構造則違反自然法則，呈現一部分圓筒形，一部分圓錐形的設計，由於圓筒形的管身必須以金屬鍛造，而且工藝水準也必須相當高，才能製造得來，在西元前的世代中，古埃及、羅馬帝國、西藏、印度乃至於希臘，都有雕刻和裝飾品，詳細地呈現出鼓號樂

---

1 Mende, Emilie and Jean Pierre Mathez 《*Pictorial Family Tree of Brass Instrument in Europe*》，第一章【緒論】。

手合奏的情形[2]，其中，喇叭已經十分常見。雖然如此，十四世紀之前的小號，完全談不上音樂的用途，它們只是藉著嘹亮的音響來進行宗教儀式、慶典或是開道之類的工作；但是，銅管樂器已經進入人類社會的結構之中了。

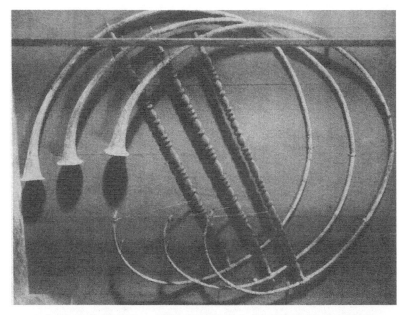

三把羅馬自然小號，造型誇張華麗，推測為慶典或迎賓專用，存在時間是兩千年前的龐貝城。（圖4）

---

2 Baines, Anthony.《*Brass Intruments：Their History and Development*》. 第三章【早期的銅管樂器】。

中東地區，一名猶太教士吹奏羚羊角。（圖 5）

第二節 中世紀（Medieval period）

西元一千年左右，對於歐洲音樂史發展來說，十分關鍵，因為聖詠記譜法的發明，使得複音音樂萌芽發展，此後的四百年，由素歌[3]而發展出奧干農[4]唱法，十二世紀時，「吟唱詩人[5]」風氣大勝，十三世紀則是「名歌手[6]」樂風大行其道，此外，宗教性或世俗性的經文歌[7]更是重要風格。中世紀的音樂史要角是聲樂作品，樂器則主要擔任伴奏的角色[8]，小號在音樂上沒有什麼發揮的空間，也就不奇怪了，而活力充沛的世俗歌曲「牧歌[9]」也影響深遠，成為日後樂曲的藍本。

---

3 素歌（Plainsong），單音的無伴奏宗教歌曲，最著名的一種素歌是指葛利果聖歌（Gregorian chant）。
4 奧干農（Organum）最早的複音歌曲，以既有的素歌為本，平行加上新的聲部，最早可追溯至十一世紀。
5 吟唱詩人（Troubadours，或稱 Minnesinger），十一世紀末法國南方發展出的情詩遊唱風格。
6 名歌手（Meistersinger），中世紀德國（十四至十六世紀）業餘音樂家在各邦音樂競賽中產生的傳統風格。
7 經文歌（Motet），多聲部的無伴奏宗教歌曲，歷史延續長遠的曲種。
8 Hoppin, R.H.《*Anthology of Medieval Music*》‧第五章【經文歌】。
9 牧歌（Madrigal），流行於十六世紀的多聲部歌謠。

第三節　文藝復興（Renaissance era）

由 1400 年到 1600 年，普遍被認知為文藝復興時期，這個時期的主要創作是教會音樂，如彌撒[10]，經文歌以及合唱曲、管風琴曲，而在世俗音樂方面則有歌曲[11]以及各種樂器作品，其中心思想主要是複音音樂。

十三世紀早期（中古時期）描繪兩名自然小號手演奏的情形，注意它們被成對的使用，此一現象自中古時期便十分普遍。（圖6）

---

10 彌撒（Mass），天主教會儀式合唱作品，十七世紀之前為無伴奏，以後則加入樂器伴奏，最常見的是通用彌撒（Ordinary Mass）。
11 歌曲（Chanson），獨唱曲，內容通常為詩句或文學作品，伴奏的形式則隨其長遠歷史各有不同。

　　其中，樂器作品的蓬勃發展是一個新趨勢，各種木管與銅管樂器都十分流行合奏的形式，最出風頭的銅管樂器是長號（Trombone），設計上的優勢，使得長號早在十五世紀，就能加入教堂詩班合唱，以加強旋律部分，而在合奏曲當中，除了管風琴之外，長號可說是最實用的銅管樂器。文藝復興時期的小號，除了傳統的自然小號[12]之外，又在 1550 年左右發明了一種新樂器 ──「木號[13]」，木號樂器在 1700 年左右，又逐漸被淘汰，大約有 150 年的時間，木號滿足了作曲家對高音銅管旋律化的要求，木號的材質多採用象牙或硬木，管身長度 50 至 70 公分不等，管身在設計上接近木管，共穿七個孔，以指法控制音程，木號的音域約兩個八度，性能頗佳，缺點是失去了銅管樂器嘹亮的本質，優點是可以演奏完整的音階。

---

12 自然小號（Natural Trumpet），指不具備任何額外機械裝置，單純以自然泛音為演奏範疇的古代小號。

13 木號（Cornetto），流行於文藝復興中晚期的木製或象牙音孔小號。

文藝復興時期盛大的遊行行列不可少的樂隊，由左至右
可見到低音管、雙簧管、木號以及伸縮長號。（圖7）

　　後來木號之所以被淘汰，可能是因為巴洛克時期的木管
樂器分量日重，不再需要木號來提供自然小號的金屬特色，
所以遭到淘汰的命運。

第四節 巴洛克（Baroque era）

在歷史上，稱呼 1600 年到 1750 年這 150 年間，歐洲的音樂主流為巴洛克時期，依其音樂特色，又可稱為數字低音時期[14]。不同於文藝復興時期的複音音樂主流，巴洛克時期的音樂強調主旋律的力量，也就是主調音樂是音樂結構的中心思想，此時期器樂曲的地位首次與聲樂曲並駕齊驅，例如三重奏鳴曲[15]、獨奏樂器曲[16]、大協奏曲[17]、協奏曲[18]以及各種鍵盤音樂。

而聲樂的部分脫離不了器樂伴奏，如清唱劇[19]、神劇[20]、受難曲[21]以及歌劇[22]。

基本上，木號已淡出舞台，自然小號重登大位，而且在

---

14 Bukofzer, Manfred F. 《*Music in the Baroque Era：From Monteverdi to Bach*》. 第一章【緒論】。

15 三重奏鳴曲（Trio sonata），巴洛克時期最普遍的室內樂形式之一、兩個高音樂器搭配數字低音。

16 獨奏器樂曲（Solo sonata），以獨奏樂器為主，再加上數字低音組合，接近協奏曲的形式。

17 大協奏曲（Concerto grosso），由獨奏樂器群（兩種以上）與管弦樂伴奏競技的曲種。

18 協奏曲（Concerto），由獨奏樂器與伴奏樂團交互競技的曲種。

19 清唱劇（Cantata），只唱不演的戲劇音樂，可再分為宗教與世俗兩種。

20 神劇（Oratoria），以聖經章節為內容的戲劇音樂，無佈景、道具或服裝等表演元素，而只重音樂部份。

21 受難曲（Passion），專指描述基督受難事蹟的神劇。

22 歌劇（Opera），集音樂、戲劇、舞台技術為一體的綜合藝術形式，西方音樂的極致表徵。

運用上達到空前絕後的地位；如果說，巴洛克時期是小號的
黃金年代，應不爲過。

兩名文藝復興時期為威尼斯總督服務的號兵，演
奏自然小號遊行的情形，使用的小號為旗號，長
度刻意拉長以便懸掛旗幟，圖中並無掛旗，而是
以男童高舉減輕重量。（圖8）

　　巴洛克時期的自然小號通常分爲兩種，一種是給宮廷樂手使用的，長度較長，達到 2.5 公尺左右，只比降 B 調長號的 2.8 公尺短一點點。另一種自然小號則供軍隊使用，長度約在 1.8 公尺左右，音調比較高亢。這兩種自然小號的長度，都比現代的活塞小號長多了，現代的降 B 調小號，管長只有 1.4 公尺[23]。

---

23 Mende, Emilie and Jean Pierre Mathez《*Pictorial Family Tree of Brass Instrument in Europe.*》。第十章【現代銅管樂器】。

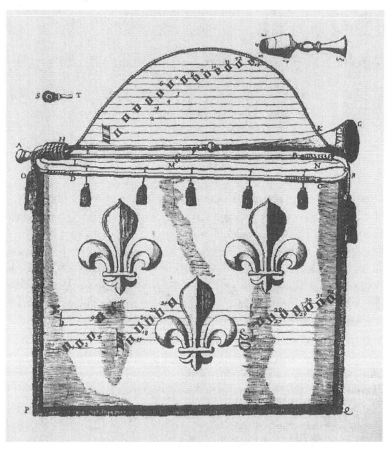

1636 年，法國理論家兼數學家梅赫斯納（M. Mersenne），
在其著作《音樂的聲律理論與應用》裏詳細地探到自然
小號的泛音系列理論，附帶介紹號嘴與弱音器的原
理。圖為一把自然小號，上方繪有音域與泛音列的圖
表。弱音器在右上方，號嘴在左上方。（圖 9）

　　自然小號能奏出自然泛音系列，所以在巴洛克時期的小號分為兩種職務，一種專門演奏低音域（Principale），另一種樂手專門演奏高音域（Clarino）的部份，Clarino[24]樂手只吹高音部份，所以能吹奏出旋律來，簡單又奇妙！你能想像一個小號手拿著一把和長號一般長的小號，卻能吹奏出高亢明亮的旋律嗎？

　　這種高音技巧在十八世紀末逐漸消失，終於未曾流傳下來。聽眾至今只能夠在巴哈、泰雷曼[25]、韓德爾或是普賽爾的音樂作品中感受那份困難度。由於巴洛克時期的小號手地位崇高，經常擔任器樂曲獨奏的工作，他們甚至領受貴族的身分，並得以世襲傳承，父傳子，子傳孫的繼承小號演奏的職位！

---

24 Clarino，一種自然小號在高音域吹奏的技法。

25 泰雷曼（George Philipp Telemann, 1681-1767），與巴哈同時期之重要且多產的德國作曲家。

第五節　古典時期（Classical era）

很難嚴格界定任何一個音樂時期的起迄年代，尤其是愈靠近現代，風格的轉變愈快且多樣化，也就更難以說出一個明確的分野。

古典時期的開始，取決於奏鳴曲式[26]的發展，一些教科書習慣以巴哈的逝世年 1750 年為界線，來做為古典音樂的起點，其實是不甚正確的。實際年代略早於此，而十九世紀浪漫樂派的風起雲湧，也宣告古典時期的提早結束。然而，整體來說，古典時期的長度不是很長，它的中心思想卻一直影響音樂文明的發展[27]。

古典時期的中心思想是「主題」（Subject），結構（Structure）與發展（Development）。使用一套合乎邏輯的結構，去發展一個單純的主題。古典時期的聲樂作品包括歌劇、彌撒以及安魂曲[28]。而器樂作品則脫離了數字低音的束縛，且拜奏鳴曲式的結構力量所賜，發展出一個以「主題─發展─再現」形式為基礎的器樂世界，包括交響曲、弦樂四重奏以及其他室內樂、鍵盤奏鳴曲為主體的時期。

---

26 奏鳴曲式（Sonata form），古典時期最龐大也最重要的曲式，又稱「第一樂章形式」，包括主題、發展、再現與終曲幾個主要部份。

27 Rosen, Charles《The Classical Style：Haydn, Mozart, Beethoven》.第六章【古典思維的影響】。

28 安魂曲（Requiem），天主教會的安魂彌撒或追思彌撒。

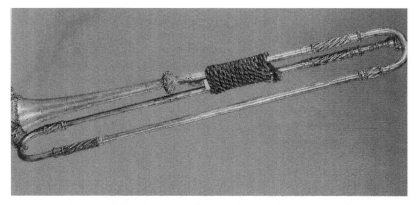

典型的十八世紀自然小號，長度比
現代小號長了一倍以上。（圖 10）

　　不幸的是，小號在古典時期並不能延續過去風光的歲
月，Clarino 的高音技法已式微，兩管制的管弦樂團也沒有什
麼精彩的小號聲部，通常在海頓或莫札特的交響曲當中，自
然小號只能提供主屬和弦的力量，加強一下亮度，大部份都
是和定音鼓一起出現打拍子，頗為單調。

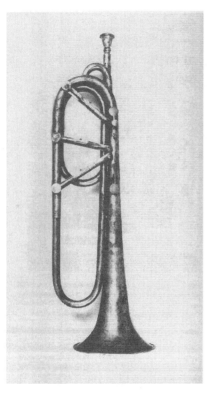

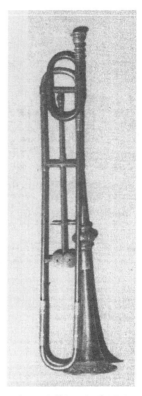

Keyed Trumpet 按鍵式小號，以小號身上的音孔開闔來改變泛音系列，十八世紀末被發明，十九世紀初就被淘汰了。海頓的小號協奏曲為它而誕生。（圖 11）

伸縮滑管小號（Slide Trumpet），約在十八世紀末出現，設計目的是在以滑管改變泛音基礎音高，達到演奏音階或半音的效果，但與按鍵式小號都在十九世紀初即被淘汰。（圖 12）

　　古典時期的自然小號，大部份是以 F 調為主體，然後隨時抽換調音管，以配合不同的樂曲演奏，通常是移調至降 E、D、C、降 B 這四種調性上，所以一個小號手上班時，還要多帶四組長短不一的調音管，以備不時之需。

　　大約 1770 年左右，一種模仿豎笛的結構設計而成的按鍵式小號，出現在維也納宮廷樂團。演奏按鍵式小號的優勢是可以藉著手指操作機械式按鍵，而吹奏出自然泛音之間的音，所以能夠奏出完整的半音階來，海頓及胡麥爾[29]所寫的著名小號協奏曲，就是為此一新發明的按鍵式小號而作，當時的宮廷號手魏丁格[30]是首演的音樂家。

　　不過這種按鍵式小號的音色和音準都存在著難以克服的缺點，而且在移調演奏時也很不方便，因此，很快地被淘汰了。然而；人們或許已不耐於自然小號的單調表現，古代 Clarino 技巧大師又不復存，所以，在古典時期的尾聲，現代小號遂改良產生了。

---

29 胡麥爾（Johanne.N.Hummel, 1778-1837），奧地利鋼琴家，作曲家。
30 魏丁格（Anton Weidinger, 1767-1852），奧地利小號演奏家，維也納宮廷樂手，海頓小號協奏曲首演者與音樂改良者。

第六節　現代小號的誕生

　　所謂現代小號指得是由十九世紀初葉一直到現在的小號製造工藝發展的結晶，其基本的製造理念十分簡單，即「改變管子的長度」[31]。

　　自然小號的演奏之所以受限制，就是因為其管長固定，不能變化長度。1800 年，英國曾流行伸縮小號，試圖結合長號的構造與小號的音色，但是又因為靈巧度與準確度不夠好而不成氣候。所以，在 1814 年，德國人佛萊德利希 ── 布魯莫[32]成功地以轉閥接連調音管和小號本身，製造了可以輕易地演奏半音階的第一把轉閥式小號。1840 年左右，法國方面也成功地發明了活塞式小號，這兩種設計的目的殊途同歸，都是以機械裝置連接三支長短不一的調音管以達到改變管長的目的，其優點則顯而易見，也就是操作十分迅捷方便，而且不會有音色混雜的問題。

　　雖然自然小號至今仍然沒有完全消失，但是自然小號的舞台只剩下極少數的軍事用途或儀式工具而已；絕大多數的

---

31 Johnson, Keith.《*Brass Performance and Pedagogy*》.第三章【工業革命與銅管樂器】。
32 佛萊德利希‧布魯莫（Friedrich Blühmel），德國樂器理論家，改良先驅。

小號演奏音樂，都完全由現代小號來擔任演出，無論是白遼士[33]的《幻想交響曲》或是史特拉文斯基[34]的《春之祭》都完全採用現代小號的編制。而現代小號也發展出一個大家族，我們可以在今日欣賞到精緻的現代音樂，也可以聽到充滿氣氛的爵士音樂。白天在街上觀賞雄壯的軍樂進行曲，晚上的音樂會又能溫習古典的興趣。

---

33 白遼士（Hector Berlioz, 1803-1869），法國作曲家，浪漫派代表作曲家之一。
34 史特拉文斯基（Igor Stravinsky, 1882-1971），二十世紀重要俄國作曲家，現代音樂（二十世紀音樂）的啟蒙者之一。

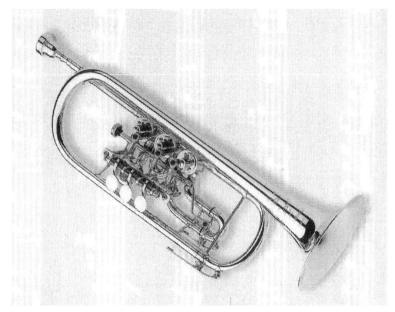

Rotary Trumpet，轉閥式小號，相對於活塞式小號系統風行於全世界，轉閥式小號僅仍在德奧地區被全面採用，它的機械裝置複雜，維修也較困難可能是原因。轉閥式小號也擁有完整的樂器家族，所有的調性都可見到轉閥設計。它的音色與活塞小號有很大的差異，主要因素是定音導管的設計不同，圓筒狀的管身與較寬的喇叭口，使得它的音色更為寬廣厚重，其實不只是德奧地區傳統上愛用，越來越多其他地區樂團都樂於在演奏德奧音樂時採用轉閥式小號。(圖13)

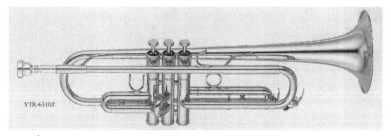

B♭ Trumpet，降B小調是最普遍的一種小號，也是初學者入門的樂器，音色寬廣、溫暖，用途也極多，無論古典、爵士，室內、室外，都能聽見它的聲音。(圖14)

C Trumpet，C 調小號，音色明亮、有力；是現代交響樂團不可或缺的一員，許多現代小號獨奏作品也指定由它來擔綱。(圖 15)

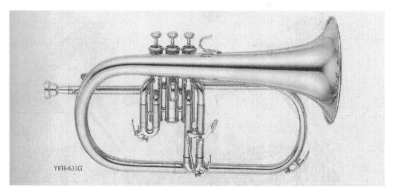

Flugelhorn，富魯格號，小號家族成員中較特殊的一員，其調性為降 B 調，音色柔美溫和，缺少爆發力，被通俗或爵士樂手大量採用。(圖 16)

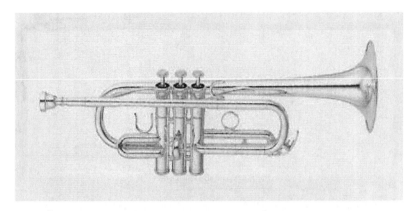

E^b Trumpet 降 E 調小號，為消除過多降記號所設計的現代
小號，音色明亮典雅，特別適合古典作品。另有外型近似
的 D 調小號則便於演奏升記號較多的曲子，兩者音域、音
色皆頗一致。（圖 17）

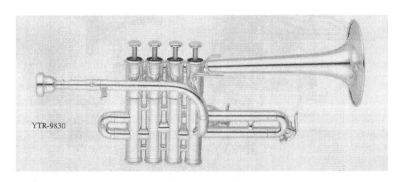

YTR-9830

Piccolo Trumpet 高音小號

小號家族樂器中最晚出現的成員，較常見的有 A 調和
降 B 調兩種，F 調與 G 調均曾一度受到歡迎，至於 C
調高音小號，近年也有演奏家推廣使用。高音小號的
出現，基本上，就是為現代人解決巴洛克音樂中艱深
的小號技法而來，不過近代或現代作曲家也經常為它
譜曲，使高音小號兼具多重的角色。（圖 18）

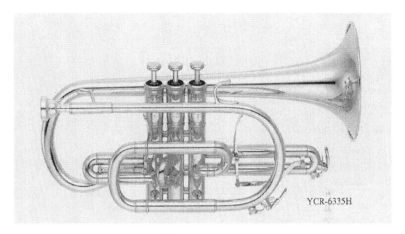

YCR-6335H

B♭ Cornet，降 B 調短號
現代小號家族樂器最早出現在舞台上的成員，其長度與
降 B 調小號相等，音域也相同，但是音色溫和得多，緣
自錐型內徑號嘴以及更多的管身曲折次數。短號家族也
包括 A 調與降 E 調短號。（圖 19）

　　誰也不知道今天之後，更優秀的小號是否會被發明出
來，至少在目前，活塞式和轉閥式小號似乎仍是最佳方案。
然而，無論是海螺、牛角、自然小號或是現代小號，對銅管
音樂家來說，只要一放上嘴吹奏，那一份令老祖先在洞穴中
驚嘆不已的巨人神秘力量，總是再度出現。

第三章　巴洛克的音樂風格

第一節　以戲劇性為核心的音樂風格

　　本書的主要內容既然以巴洛克為核心之一，必然要先探討巴哈繼承的傳統風格，當然，並不限於十七世紀的德國，範圍也包括十八世紀以前的英國、法國與義大利，上述地區在巴洛克音樂風格上的影響和貢獻都很大。

　　時常在文章上讀到所謂巴洛克建築，巴洛克風格繪畫或是巴洛克音樂等等字眼，不得不好奇，巴洛克是什麼涵意呢？原來巴洛克這個字，在葡萄牙原文中的涵意是「不規則形狀的珍珠」，另外在語意上也有「繁瑣的」，「誇大的」或「異於尋常」的意思，基本上，巴洛克絕非恭維之詞。不過，時至今日，巴洛克一詞早已平反，它反而被評價為「純粹的藝術」形式呢[1]！

　　在西方文明史中，巴洛克是一個鮮明的時代，不但藝術

1　Blume, Friedrich《*Renaissance and Baroque Music.*》·第一章【緒論】。

作品充滿了強烈的對比，如戰鬥中的勇士或是飛奔的馬，所有的元素都充滿了戲劇性。我們一般以 1600 年為界，劃分文藝復興時期與巴洛克時期，文藝復興時的音樂風格將複音音樂推向極致，而在 1600 前，最早的義大利歌劇成功演出之後，以歌劇為先鋒所發展出來的充滿戲劇性的風格，正式開啟巴洛克時期。

　　在巴洛克之前，音樂以人聲為中心，多聲部的對位技法為主，器樂的地位仍依附在人聲之下。但 1600 年前後，獨唱的表現手法與器樂（尤其是高音域樂器）的地位大幅提升，可以說，巴洛克音樂風格也如同當時美術作品一般，無論是為貴族或是教會服務，都是追求邏輯上的完美，並在單一作品中營造完美戲劇效果的音樂。如韋瓦第的協奏曲、韓德爾的神劇或是巴哈的受難曲，都是無可比擬的傑作[2]。

　　總體而言，巴洛克音樂風格並非完全拋棄文藝復興時期的對位技法，而是一個將過於龐雜且失去焦點的現象，加以整理與聚焦的過程。在十六世紀晚期，義大利已出現數字低音的實際應用，雖然蒙台威爾第[3]的不朽戲劇音樂《奧菲歐》（Orfeo）於 1607 年首演，成功地確立了歌劇的發展，其實

---

2 羅基敏《由神劇的發展看韓德爾的『彌賽亞』》
3 蒙台威爾第（Claudio Monteverdi, 1567-1643），文藝復興晚期最有開創性的義大利作曲家。

巴洛克的美術特徵與音樂一致，誇張且戲劇性強烈，此處
法國畫家莫恩之畫作即顯露此一風格。（圖20）

在數年之前，另一位義大利作曲家培里[4]，已經首演了目前所知最古老的歌劇《奧麗底斯》，這一種綜合了音樂、戲劇與舞台元素的作品迅速席捲了歐洲，因此，把 1600 年視爲巴洛克時期的開端，其實也不無道理。因爲歌劇的戲劇元素，使得獨唱、二重唱成爲不可或缺的主要曲碼，減弱了多聲部對位的地位，器樂音樂也脫離了聲樂的附屬地位，以充滿技巧與感情的演奏法，來烘托出劇中情節。

　　基本上來說，戲劇作品如宗教性的神劇、受難劇或是世俗歌劇如莊歌劇、喜歌劇及清唱劇等，標示出了巴洛克的風格支柱，而器樂協奏曲的蓬勃發展，則是巴洛克時期的另一大特色。

---

4 培里（Jacopo Peri , 1561-1633），義大利作曲家。

第二節　對位與和聲的巔峰

　　如果說巴洛克風格是由義大利開展，而逐漸散播至其他地區，應該是沒有爭議的，那麼我們就可以更清楚地觀察，巴洛克風格是如何融入各地區的音樂風格，從而達到最高峰。儘管古典風格出現的證據早於 1750 年，但一般而言，學者大多接受以德國作曲家巴哈過世的年份 1750 年，為巴洛克終止的界限年。從 1600 年至 1750 年，這 150 年之間，又概括了三個不同時期，1600 年至 1650 年是早期巴洛克，1650 年至 1700 年是中期巴洛克，而 1700 年至 1750 年則是晚期巴洛克；其中，無論就形式或技法的成熟度，或是以內容的深度而言，巴洛克晚期都可說是最高峰[5]，現今，大多數人認知的巴洛克風格，都是以巴洛克晚期為基準。

　　小號的吹奏風格，也隨著地區而不同，更隨著不同時期產生變化，但總體而言，巴洛克 150 年期間，小號的地位是崇高的，技法是出乎意料之外的華麗，無論在戲劇音樂中，或是專為小號譜寫的協奏曲，小號的重要性都達到了前所未有的境界，詳情留待之後的篇章再分別細談。

---

5 Blume, Friedrich《*Renaissance and Baroque Music.*》‧第八章【巴洛克時期】。

　　總結巴洛克的音樂風格如下：「（1）精練的對位技巧以更緊實的方式保留，割捨了部分文藝復興時期大而無當的複音音樂技法。」「（2）調性主義的確立，奠定了古典時期的基礎，並且建立了完整的和聲體系。」「（3）以數字低音有效率地開啓了主題風格與即興風格，也因此保留了最有彈性的戲劇效果。」「（4）充滿了對比與內在衝突的不統一性，成為巴洛克音樂源源不絕的動力。」

　　上述四點當中，在此僅針對第四點，也就是巴洛克音樂的內在動力中的衝突性，再做補充。聆聽巴洛克音樂作品時似乎總感到一種持續的張力，彷彿可以永無止盡地持續下去；就像一場戰爭，沒有共識又爭論不休。這樣的風格來自對位法，舊時代的遺產；加上戲劇張力，新時代的產物，一同激盪出來的。不同於帕勒斯替那[6]繁複卻又協和的合唱曲，也不同於理智的奏鳴曲式弦樂四重奏，巴哈似乎很樂意接納音樂中的不協和與衝突；可以說巴洛克晚期的音樂，尤其是在「音樂之父」巴哈手上，是可以當之無愧地被視為純粹音樂，任何人都可以毫無成見地接受它的洗禮，享受純粹音樂的力量，這就是巴洛克音樂在文明史裏最重要的地位！器樂

---

6 帕勒斯替那（Giovanni Pierluigi da Palestrina, 1525-1594），文藝復興晚期保守風格代表人物，義大利作曲家。

發展史上，這是有一個如此蓬勃，如此努力於開拓境界與技巧的時代，使得巴洛克時期突出於文藝復興與古典時期之間，大放異采，無論是誇張的巴洛克歌劇，或是光彩奪目的協奏曲，乃至巴哈爲獨奏弦樂器所作的組曲，都標示出一個爲音樂而音樂的純粹藝術時代。

第四章　巴洛克時期的小號技法

第一節　小號技法的黃金時期

如前所述，小號的演奏風格，在巴洛克時期達到了極華麗又複雜的高峰。義大利方面包括塔替尼[1]、韋瓦第、馬切羅[2]以及柯瑞里等大師都有專為小號譜寫的協奏曲。英國在巴洛克時期最重要的作曲家普賽爾，也有為數不少的作品獻給小號。至於為人所熟知的德國作曲家如泰雷曼、韓德爾與巴哈，也都譜寫了份量極重的小號音樂。

這麼普遍而頻繁的使用小號這個樂器，即使是在今日看來，也絕非一件尋常的事。筆者認為，傑出的作曲家都是極為敏銳的，他們可以快速地向傳統學習，更可以由傳統中找到不同的可能性。比較所有巴洛克作曲家所譜寫的小號音樂，可以發現許多不同之處，但也有一些共同之處，可是無

---

1 塔替尼（Giuseppe Tartini, 1692-1770），義大利小提琴家，作曲家。
2 馬切羅（Allesandro Marcello, 1684-1750），（Benedetto Marcello, 1686-1739），義大利作曲家。兩人為兄弟。

論如何，在十七、十八世紀的歐洲，存在著極高超的演奏技法，應是合理的推論。事實上這種高明的技法甚至形成了某種潮流，使得大多數音樂家都接受了這個風格，小號動輒在第四泛音系列[3]上吹奏出華麗而快速的音階，的確是許多重要的巴洛克作曲家都認可的手法；巴洛克的小號技法，以今天的眼光來看，依然十分困難，即使以製作精良的現代小號來吹奏，也絕非易事。這實在令人好奇，不禁想要尋找出巴洛克小號技法的秘密！

任何一種風格的形成，應該是一段長時間的醞釀，等到一切都已成熟，只待某位集大成的天才型人物迸發出靈感，就會產生出革命性的發展。所謂條件的成熟，並不限於音樂藝術上的風格發展，它事實上也包括了社會制度、宗教改革與民間經濟。十七世紀的歐洲正好就具備了某幾樣條件，例如在社會階級方面，中世紀較為分散的地區性統治勢力逐漸由統一而專制的王權取代，一切的行政與經濟資源均向中央王權掌握者集中，可是另一方面，平民經濟體系也產生更強大的中產階級，這也就存在著一種由中央集權與民權意識共組而成的社會張力，別忘了十八世紀末的法國大革命與美國

---

3 泛音系列（Overtones series），由基礎音向上逐步以八度、五度、四度、大三度、小三度，乃至於大二度以及小二度的音程出現的自然音律現象，通常以一個八度來劃分系列順序。

獨立運動的浪潮，就可以解釋，歐洲由黑暗的中世紀跨入更為理性與人本主義的時代，其過渡期就在十七世紀。一方面此時的王權掌握著更大的錢與權，得以委託藝術家與音樂家製作更大規模的作品；另一方面，新興的小市民階級，也就是擁有一技之長的工匠或是販賣貨品的商人，儘管對統治階級不見得滿意，卻也受惠於社會的安定，而有多餘的能力得以學習藝術，購買藝品，或是參與創作或演奏，最後也影響了巴洛克的音樂風格，許多音樂完全是以市民的角度出發所譜寫的，尤其是歌劇。在貴族與平民之外，教會的力量依然強大，音樂家若非受雇於貴族，便可能專職於教會的音樂服事。巴洛克的小號演奏風格，必定也是在這樣的環境中成熟茁壯，一方面技巧高超的小號手成為貴族體系成員，職位甚至是世襲的，他們演出專為貴族王臣所譜寫的大型慶典音樂或小型室內樂作品。而在教會方面，也聘請當地優秀樂手，來演出彌撒曲或神劇，可以這麼說，當時進步的小號技法，鼓勵了巴洛克作曲家的創作中加入小號的元素，而傑出作曲家的創意，則又進一步提昇了小號技法的層次。

第二節　十七世紀之前的小號技法

　　前面提到過，巴洛克時期的小號技法，即使以現代的眼光來看，也是十分卓越的，那麼在十七世紀之前，小號的風格與技法是否也爲巴洛克風格奠定了良好的基礎呢？在工業革命之前，銅管樂器的按鍵系統尚未發明，自然小號是唯一選擇；簡單地說，自然小號是一根中空的圓筒形狀銅管所製作的簡單小號，若要改變調性，唯一的方法就是改變管長。長長短短互相替換的銅管放在樂手身邊，的確不太方便，但在技術上是沒有辦法的事情。

　　小號的製造其實非常不容易，即使是自然小號如此陽春的構造也不例外，首先必須具備高水準的冶金技術，才能製造厚薄均勻的銅片，然後再打拋出內徑一致的圓筒管身以及圓椎形的喇叭口，以上的動作都是很困難的技藝，其精良程度直接影響小號的音準和音色。

　　自然小號的音域是一個有趣的問題，巴洛克時期的小號作品，使用到的音域幾乎連現代音樂作品也不會用的，如義大利的韋瓦第經常使用到 c'''，英國的普賽爾使用到 c#'''或 d'''，韓德爾的神劇或皇家煙火管弦樂組曲也讓小號奏至 d'''，可是德國的泰雷曼又更上層樓，他經常讓小號爬升到 e'''，而

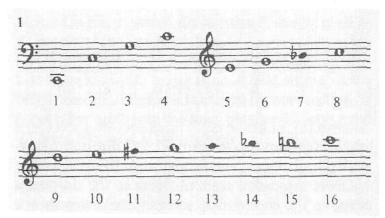

這裡展示橫跨四個八度的泛音系列，由基礎音開始算起第三
泛音至第十二個泛音是古典時期自然小號的音域，而巴洛克
時期的小號音樂則走至更高的位置，尤其巴哈的作品更常運
用第十六，甚至十七個泛音。（圖21）

　　巴哈的布蘭登堡協奏曲第二號，小號則吹奏出 g'''音。這
些作品分屬於不同地區，不同時期，但皆指出一個事實：巴
洛克時期小號演奏者慣常使用的音域，幾乎比文藝復興的小
號高出一個八度。

　　難道在十七世紀初的自然小號演奏家，從不曾嘗試第四
或第五泛音系列？答案應該十分清楚，文藝復興時期的小號
手必然曾經試著在樂器上吹奏出音階，可是這種技法輕易地
被木號給取代了，木號的長度約僅自然小號的四分之一，就
如本文之前介紹過的，木號手可以直接以音孔的開啓來吹奏
音階，也就是說，木號的管身短，音域狹窄，可是卻能演奏
出約兩個八度的完整音階，儘管這種古長笛式的設計，並不

很適合於銅管家族，同時儘管木號的音色沉悶，音準與音色也不平均，但仍然以旋律樂器之姿，風行了兩百年；當時的小號演奏家，應該是接受了一個事實，木號演奏旋律，自然小號只能吹奏低音泛音系列；畢竟，自然小號吹奏旋律，需要大量的練習與高超的技巧，然而，十七世紀之前的小號手，在音樂工作上根本用不上這樣的技巧，他們身兼二職，木號演奏家與小號手，兩者功能與任務完全不同，而作曲家也自然不可能為小號或木號譜寫出華麗而突出的音樂；因為木號的音色溫和，音量小，音樂的表現不似木管樂器，而小號則尚不具備公認的旋律性，所以，可想而知，文藝復興時期的小號（或木號）音樂風格，是存在著一些限制，但是，往好處看，這些性能或音色上的限制，也造就了許多意想不到的發展；因為音域受限制，那麼就就努力吹奏出更快速，更複雜的技巧吧！在文藝復興時期的器樂曲，往往都和舞蹈脫不了關係[4]，這些充滿節奏感與地區風格的樂曲，很能測試出樂器在快速演奏上的能耐。尤其，當時的樂曲，往往有大量的反覆段落，而每一段反覆的句子，都要求樂手以即興的精神加以變奏。這樣的風格事實上一直沒有消失，即使在巴洛克時期也十分風行。不過，文藝復興時期的銅管，仍是以木號以及伸縮長號為旋律樂器，自然小號則是陪襯的角色。

4　Brown,H.M.《*Music in the Renaissance*》.第三章【舞蹈與器樂曲發展】。

第三節　巴洛克小號技法的消失

　　到了巴洛克時期，自然小號的高音技巧更加成熟，也就是 Clarino 的技法已經十分普遍，數字低音的格式確立，作曲家急切地需要各種華麗的高音樂器來擔任高音聲部的主要線條，小提琴、雙簧管、女高音乃至自然小號的音色都受到重視。由於文藝復興時期多重聲部的複音結構已不再流行，因此木號的旋律功能被更有表現力的木管樂器取代。反之，自然小號金屬光澤的音色，加上高人一等的音域能力，成爲數字低音時期的重要高音元素。

　　回顧十七、十八世紀，小提琴的技法與應用，進入一個十分輝煌的時代，雙簧管與長笛（較少）的協奏曲也標示一定的高度，要找出一個能與上述高音樂器相抗衡的樂器，小號是不二人選。因此，小號也發展出許多新的語法與技術，這些語法與技術，則來自於其他不同樂器和人聲的啓發。

　　巴洛克時期小號的技法，一部份繼承自文藝復興時期肥沃的遺產，一部分來自小號演奏家自己努力的突破，而最後部分，則應歸功於巴洛克時期傑出音樂家創新的樂念，使得小號也成爲其光輝歷史的一環。

　　總而言之，巴洛克時期小號的演奏風格與技法，並未流

傳下來，它似乎是奇蹟似的誕生了，但又消失得無影無蹤，小號 Clarino 華麗的風格，縱橫歐洲一百五十年，可是在古典時期早期，這種風格已消失不見，這實在是一個解不開的謎，但或許答案是顯而易見的，古典時期崇尚的簡約與均衡根本容不下如此極端的吹奏技法，也不再需要過份強調高音聲部的重要性了，所以，自然小號又沉潛了下來，甘於擔任伴奏的陪襯角色？對筆者來說，則寧願相信另一種浪漫的說法；巴洛克時期的小號風格僅存在於那個時代，因為上帝祝福了那個時代，最後並藉著巴哈的手，將巴洛克結束在最高峰。

第五章　義大利重要作曲家

第一節　自由繁榮的威尼斯

在討論巴哈之前的重要作曲家的篇章裏，筆者認爲還是以地區爲分類主軸，再依時序來呈現；一方面探討不同地區的風俗差異，一方面也更明白在巴洛克晚期之前或同時，小號被應用的情形以及音樂風格。

首先，還是從歌劇的家鄉，也是巴洛克風格的發源地義大利爲第一站，現今常聽新聞談到所謂經濟大國，體育大國或是軍事強國等等。如果在西元 1600 年之前兩百年間，歐洲存在著文化藝術的超級強權的話，則非義大利莫屬，只要看一看目前國際通用的音樂術語或表情記號，都是以義大利文來表達，就能立刻明白這個事實。除了佛羅倫斯是歌劇發源地之外，在器樂發展的音樂史上，威尼斯的地位亦不遑多讓。

在威尼斯，樂曲的發展真正以較自由而充滿活力的姿態，影響了後來的音樂。相對於羅馬而言，威尼斯原本就是一個由商業支撐的城市，宗教與政治的限制少得多了，也因此，威尼斯可說是文藝復興時期最璀璨的一顆明珠，外國藝

術家與音樂家紛紛來訪，所謂威尼斯樂派以聖馬可大教堂為中心，建立一個極為豐富的音樂寶藏。名家如曾擔任聖馬可大教堂樂長的魏拉爾[1]、安德烈·加布瑞里[2]及喬凡尼·加布瑞里[3]叔姪二人，均有極多建樹。其中，最為人推崇的是喬凡尼·加布瑞里在器樂曲上的貢獻，在音樂史上有不可磨滅的價值。在此處，必須多花一些篇幅來介紹其音樂風格。

如前所述，威尼斯此城位於交通樞紐，人口據估計總有十萬人以上，十七世紀初，同時擁有十六家歌劇院，上演各種華麗的歌劇，宗教性建築也很多，其中就屬聖馬可大教堂氣勢最為恢宏，得以執掌樂長職務的音樂家，必定均是名重一時的大師級人物，如魏拉爾、加布瑞里或是蒙台威爾第。聖馬可大教堂的空間極具特色，設置了多個合唱隊的站台，並且配置小型管風琴，樂手則依不同聲部分配至不同方位，齊奏時，產生一種如峽谷迴音的特殊效果。喬凡尼·加布瑞里為聖馬可大教堂創制了許多作品，其中包括許多啟發後世的傑作。如他在 1579 年所發表的《宗教組曲》中，即創作一首據信是音樂史上第一部應用強弱奏對比的《強弱合奏曲》。

---

1 魏拉爾（Adrian Willaert, 1480-1562），義大利作曲家，文藝復興風格代表人物之一。
2 安德烈·加布瑞里（Andrea Gabrieli, 1510-1586），威尼斯樂派作曲家。
3 喬凡尼·加布瑞里（Giovanni Gabrieli, 1557-1612），文藝復興晚期具開創性格的義大利作曲家。

作品中，有兩組器樂互相競爭、輪唱、合作、齊奏，充分展現出強弱的對比與配器的層次，編制中，小號與長號十分吃重，技巧需求全面，時而輕柔唱和，時而激烈嘹亮，可以想見其樂聲迴繞在教堂的樑柱之間時，所創造出來的感染力必然極為動人。一般而言，加布瑞里樂於使用龐大的編制，如數隊合唱團、風琴、銅管樂隊、弦樂等。他在小號這個樂器上，使用了如歌般的柔和樂句，有時又以富有舞蹈感的對位式切分音來展現小號活潑的一面，可以說，喬凡尼·加布瑞里以他成熟又獨特的風格，為文藝復興晚期的器樂曲，寫下漂亮的一頁，相對於羅馬地區的守舊風格，威尼斯樂派走出創新的路。

第二節　蒙台威爾第的成就

　　義大利佛羅倫斯的歌劇開端，主要是源起於十六世紀中葉，一群文人與音樂家所試圖推動的一種「復古運動」[4]。當時文藝復興盛行的複音音樂，對於二十一世紀的聽眾而言，或許是十分古老的音樂形式，然而對於以文生‧伽利略[5]為首的「佛羅倫斯集團[6]」而言，音樂目的必須能適當表達文字或真實感情，而文藝復興時期盛行的複音音樂（當代音樂），則完全無法表達或是呈現出文學作品中角色深刻的性格。他們主張在現代劇場中，重現古希臘單純而典雅的風格。他們結合了詩人、劇作家與作曲家共同推出歌劇。至今仍能考證確實存在的是培里的《奧麗底斯》。首演於 1601 年，據說培里也曾在 1597 年創製《達芙妮》一劇，但目前並未能發現這一部作品的手稿留存。總之，這種單音音樂，僅配以極簡的伴奏，在低音聲部上以數字速記和弦記號，獨唱者以半說半唱的方法，如泣如訴地讚美，悲泣或歡唱。歌手的表現務求單

---

4 Brown,H.M.《*Music in the Renaissance*》.第十章【復古運動】。

5 文生‧伽利略（Vincenzo Galilei,1520-1591），義大利作曲家，為天文學家 Galileo Galilei 之父。

6 佛羅倫斯集團（Florence Camerata），由一五七三至一五八七年間佛羅倫斯的文人與音樂家組成的非正式研討會，成員包括伽利略、巴爾第（G. Bardi）與卡契尼（G. Caccini）等。

蒙台威爾第青年時期肖像（圖 22）

純並恰如其分地刻劃角色，音樂上的元素與說話的本質各佔其半。這樣的歌劇，依從著伽利略的指導，正如其《現代與古代的音樂對話》一書中所言，「以恰當的感情表達文字……，聲音的質與量，恰好符合說話者的身分與感情的節奏。」[7]

可惜佛羅倫斯集團在推動歌劇內涵的動機上，雖識見不凡，但是流於教條式的音樂創作成績並不理想，音樂張力與素質均缺乏說服力；若非另一位音樂大師繼承並且發揚光大，此一歌劇改革運動恐怕難逃失敗命運。這位歌劇的啟蒙者，跨越不同時代而能領先同儕的大師，就是克勞迪歐·蒙台威爾第。

蒙台威爾第 1607 年創製《奧菲歐》一劇，融合佛羅倫斯集團的單音敘事概念與牧歌的形式，動員三十名以上的管弦樂與鍵盤手，從開幕之時，精巧而華麗的管弦樂配器盈盈而起，令人驚豔，歌劇與音樂互為表裏，他改良佛羅倫斯集團歌劇的念白與旋律的風格，不但能自然帶出劇情，又展現靈動的音樂之美。很難相信在蒙氏創作《奧菲歐》此一空前劇作之時，他在曼多瓦宮廷的工作並不愉快，愛妻卡塔尼歐也在同年過世，此後 36 年，他始終未再另娶；最後在 1612

---

7 皆川達夫；吳憶帆譯《巴洛克音樂》‧第四章【歌劇與宗教音樂】。

年解職，離開曼多瓦宮廷的職位。命運之神終於眷顧蒙台威爾第的音樂天才，他在 1613 年，獲得威尼斯聖馬可大教堂任命爲樂長，此後，直到他七十七歲與世長辭，均能安享尊崇與財富。更重要的是，能在自由而繁華的威尼斯盡情創作，天時地利人和，都使蒙台威爾第在牧歌、宗教聖樂或歌劇上達到極高的成就。幼時受尼德蘭樂派[8]高超的對位法薰陶，二十三歲獲得曼多瓦宮廷聘請爲樂手，十年後升任樂長。在 1607 年，發表劃時代的歌劇《奧菲歐》之前已出版五本牧歌集，獲致前衛音樂家的名聲。在十七世紀初始，並無「歌劇」一詞，大多以「音樂敘事詩」爲稱號。可是音樂史上一致公認，在蒙台威爾第的《奧菲歐》推出之後，歌劇，或者說是現代人所習於接受的歌劇形式，才真正地確立了它的精神與架構[9]。即使以今日的標準來看，《奧菲歐》在音樂與戲劇的成功之處，依然仍打動四百年之後觀眾的心。根據記錄，蒙氏約譜寫了十九部類似作品，存留者僅六部，其中三齣並不具備歌劇完整的形式。真正的歌劇浪潮乃是在他之後的事。

　　在音樂史上，少有如蒙台威爾第如此位居不同時期之樞

---

8 尼德蘭樂派（Netherlands），自中古時期至文藝復興晚期，在今日之比利時、荷蘭、盧森堡以及法國北部的區塊，由大量優秀的藝術家建立的重要風格。
9 荀伯格；陳琳琳譯《從巴洛克到古典樂派》‧第一章【歌劇的先驅 —— 蒙台威爾第】。

紐，又能兼容並蓄，走出自己創新的路，但是他以長壽、無以倫比的天份以及對完美的堅決，成功地跨越了不同時代，在新舊風格上，均卓然有成。

　　歌劇的發展看似與小號的演奏風格關聯不大，但筆者認為，透過歌劇的革新，實際上，對於音樂歷史與風格的演變影響很大。經由深入的探討，的確能對之後的音樂發展產生更深的認識。

第三節　器樂的新浪潮

　　介紹了文藝復興晚期的代表性音樂家之後，應該有了一個強烈的印象，戲劇音樂是巴洛克時期重要風格，是無庸置疑的。但另一方面，十七世紀也有另一種極重要的曲式，那就是協奏曲的風行。前面提到的義大利作曲家加布瑞里或是蒙台威爾第，都是兼具技巧與靈性的大師，但協奏曲方面的成就極少。然而，協奏曲此一音樂形式，正可謂是巴洛克時期爲古典時期所奠定的最重要基礎之一[10]，也是本書探討的核心，因此協奏曲的源起與演奏確有探討必要。

　　在指導年輕學生吹奏樂器的過程中，時常想起多年前老師對筆者的教誨，先唱再奏；只要在音樂上遇到難以揣摩的地方，先試著唱出樂句的起承轉合，只要能唱出完整的句子，再以樂器來演奏時，就不會有太大的障礙了。這種唱歌的本能和認知能力的結合，正好說明了聲樂與器樂的微妙關係，可以說，樂器的出現，只是一種輔助聲樂的工具！嚴格來說，缺乏歌唱性的樂器，根本在一開始就不會被製作出來的。在音樂史上，器樂的地位就是一直居於聲樂之下，這樣的情況

---

10 雷朋與肯道爾主編；黃瘠蘭中文版主編《西洋音越百科全書》——『古典音樂源起』（上冊）。【義大利巴洛克風格】。

總算在十七世紀發生了轉變，器樂的表現力大爲提高，地位也大不相同。貴族本人便熱衷於某一種樂器，民間的業餘演奏風氣也大爲興盛，這樣的景象並不容易，乃是醞釀一段長時間才得到的成果。

　　在中古時期，羅馬教會花了數百年，才大致以葛利果聖歌的曲調和詞，統一大多數歐洲地區的教會，公元十一世紀，桂多[11]以較有效率的方式記錄聖歌，雖然此種色線譜的表達能力十分有限，但已足夠引爆複音經文歌的發展[12]，多聲部的俗音樂則以牧歌爲主。此時的樂器無論在聖樂或世俗音樂兩方面都是重複聲樂的聲部而已，談不上任何重要的地位。等到數百年後，一方面複音音樂已經發展到一個十分紛雜的局面，另一方面，記譜法也已確立爲五條線，音樂表情術語或記號雖然很不常用，但在十七世紀初，記譜法已大致底定，是個重要事件。可以理解，記譜法確定，再加上舞蹈音樂的興起，大大提升了器樂合奏的重要性，「坎宗那[13]」與「里切卡爾[14]」等複音器樂合奏曲逐漸出現，並與複音合唱分庭抗

11　桂多（Guido d'arezzo, 約 990-1050），神職人員，音樂理論家與樂譜改良者。

12　Hoppin, R.H.《Anthology of Medieval Music》・第八章【複音音樂】

13　坎宗那（Canzona），十六、十七世紀之間以模仿多聲部聲樂作品織度爲主的器樂合奏曲。

14　里切卡爾（Ricercar），十六、十七世紀之間具有模仿風格的複音器樂曲，開啓了之後賦格的發展。

禮，儘管器樂合奏仍未能取代合唱在宗教上的地位，而且獨奏樂器也尚未出現，可是器樂的地位已大幅提高了。就以小號爲例，原來用途狹窄的小號，在文藝復興時期加入了更多用途，甚至成爲了一個頗爲熱門的樂器，雖然不如長號可以在聖樂中擔任要角，但是小號和木號的表現力，還是頗受歡迎，其他諸如直笛、長笛或雙簧樂器巴松與雙簧管等，搭配各式擦弦樂器或撥弦樂，是十分普遍的樂器，不僅在廣場上表演，有時還參加慶典遊行呢！

　　獨奏樂器曲目的盛行，也是在獨唱以單音音樂出現之後，才發生的。歌者的旋律主線以持續低音來伴奏。這種烘托旋律線的結構，除了適於獨唱之外，自然也適合以獨奏樂器來表現。十七世紀義大利的弦樂製造水準已十分高超，樂器獨奏的素材自然以弦樂爲主，巴洛克早期重要的曲式，如三重奏鳴曲，強調兩條高音旋律與數字低音的互動，但仍與協奏曲差之甚遠，獨奏奏鳴曲雖有更清晰的樂器特色，但其曲式與篇幅也缺少協奏曲的發展與深度，也就是缺少了協奏曲必備的競賽感與對話。

　　就如同歌劇一般，協奏曲的起源也是義大利。協奏曲字源原來的字義就是「競賽」。義大利作曲家柯賴里，以大協奏曲揭開了一個樂器競奏的高峰，不同的樂器群輪流出現，表

現技巧的極限。這種大協奏曲的風格很快就達到顛峰，並快速影響了全歐洲。由大協奏曲發展而來的不同風格，包括複式協奏曲以及獨奏協奏曲，複式協奏曲以不只一種主奏樂器擔綱，而獨奏協奏曲出現的最晚，卻也流傳最廣，終於成為古典時期乃至今日的主流曲式[15]。

當然，這樣的發展是十分容易理解的，大協奏曲的曲式精神，被後來的交響曲吸納，因此不容易單獨存在，而複式協奏曲儘管始終未被淘汰，但畢竟不是主流，雖然不乏傑作，如巴哈雙小提琴協奏曲，韋瓦第雙小號協奏曲，乃至莫札特四重協奏曲皆為傳世之作，可是相對於獨奏協奏曲的曲目數量與質量而言，仍談不上主要作品。

獨奏協奏曲這個曲式上的優勝者，主要源自晚期巴洛克的三樂章形式協奏曲，而更早之前，則一概以奏鳴曲稱之，作曲家所寫作的多樂章獨奏器樂曲，經常並不以唯一樂器為限，如波隆那作曲家卡薩提[16]1665 年發表的獨奏小號奏鳴曲，也註明了可以用小提琴代替。

值得一提的是，巴洛克早期的演奏風格，應該不是拘謹、保守的代名詞，事實上可能正好相反，獨唱或獨奏者在

---

15 雷朋與肯道爾主編；黃瘤蘭中文版主編《西洋音越百科全書》——『古典音樂源起』（上冊）·【義大利巴洛克】。
16 卡薩提（Maurizio Cazzati, 1620-1677），義大利小提琴家，作曲家。

旋律上，加上自己即興的樂念是被期待的，而擔任數字低音
鍵盤手的音樂家，更是以即興加花爲能事。現在的原譜上經
常是極爲簡化的上下旋律與數字註記，如果任何人，以照本
宣科的方式演奏這些作品，都是完全不切合巴洛克風格的
[17]，儘管隨著記譜法的進步，作曲家有能力在五線譜上，越
來越清楚的表達細節，可是這種切合演出情境即興加花的傳
統，一直延續到了早期浪漫派！在巴洛克歌劇中，如果缺少
歌手出色的現場即興式演唱，恐怕就更沒有吸引力了，現今
的觀眾之所以極少（或幾乎不曾）欣賞到巴洛克歌劇，主要
原因，除了巴洛克歌劇的劇情缺少高潮之外，其即興式的花
腔已然失傳，恐也是原因之一。

　　義大利是巴洛克歌劇、協奏曲的發源地，乃是因爲在威
尼斯、波隆那、羅馬或佛羅倫斯各地，總能激盪出許多創新
的思潮，如加布瑞里出色的器樂曲，以對位式的輪唱所鋪陳
的器樂分組競賽；蒙台威爾第的創新歌劇、序曲的部分日後
轉化爲交響曲的起源，至於他的牧歌集，後期採用數字低音
伴奏形式，則確立了巴洛克的風格。此外，尤切里尼[18]在室
內奏鳴曲與教堂奏鳴曲上的成就，也拓展了多樂章器樂曲的
風格技巧。

---

17 皆川達夫；吳憶帆譯《巴洛克音樂》·第二章【巴洛克音樂的魅力】。
18 尤切里尼（Macro Uccellini, 1610-1680），義大利巴洛克作曲家，小提
　　琴家。

第四節　小號技巧的高峰

　　小號的應用在義大利是非常普遍的，前面提到，波隆那作曲家卡薩提與他的學生韋他利[19]，努力提升室內奏鳴曲的重要性。到了十七世紀末，波隆那當地經常推出較大型的管弦樂作品，小號大放異彩，獨奏、二重奏甚至更多聲部的小號演奏都很常見，名稱則以「奏鳴曲」、「交響曲」或「協奏曲」稱之，其內容卻大同小異。當時小號的演奏技巧，已不亞於任何時代，各式的花式演奏技法都能呈現出來，使用自然小號第三、四泛音系列，奏出明確且振奮人心的信號式琶音，再以快速的音階與裝飾奏眩人心神，波隆那的作曲家，此時以托瑞里[20]與培第[21]爲出色的代表。

　　至於威尼斯，這個與全歐洲接軌的都市，在巴洛克晚期也有很大的成就，其成果，甚至也影響了同時代的日耳曼，例如，巴哈就曾經在 1714 年，改編韋瓦第 1711 年出版的協奏曲《和聲的聯想》。可見義大利風格的魅力與影響力。

---

19 韋他利（Giovanni Battista Vitali, 1644-1692），義大利作曲家，小提琴家。
20 托瑞里（Giuseppe Torelli, 1658-1709），義大利作曲家。
21 培第（Giacomo Antonio Perti, 1661-1756），義大利作曲家。

托瑞里（G. Torelli 1658-1709）的小號協奏曲之一小部分，可以
看出當時風行的小號 Clarino 超技演奏法的風格，但艱深的程
度當然比巴哈的作品差了一大段。（譜1）

　　1678 年，出生於威尼斯的韋瓦第，可能是現今，最有知
名度的巴洛克作曲家之一。他的父親，任職於威尼斯聖馬可
大教堂小提琴樂師，據聞，技巧十分高超，而韋瓦第，也曾
事師於柯賴里這位器樂協奏曲大師，這應該可以解釋，韋瓦
第的作品中，協奏曲的份量極重的事實，他創製了至少六十
首人協奏曲，近五百首獨奏或多重協奏曲。韋瓦第　生中，
最主要的工作，是擔任棄兒教養院的小提琴教師與樂長，規
律而頻繁的演出活動，也使他必須大量譜寫爲院童弦樂團演

出的新作品。當時,在威尼斯類似的棄兒收容所有四、五個,透過教會、總督府與民間富商的贊助,來維持運作,由韋瓦第擔任樂長的女子收容教養院,乃是以訓練院童音樂專長為特色的,韋瓦第的音樂風格刻劃清楚,對比強烈,使用的技巧大膽而前衛,儘管由於忙碌,使他的作品招致重覆太多的批評;但在韋瓦第最經典的作品中,仍充滿著天馬行空的想像力,絲絲入扣的描寫能力使人稱奇。

筆者曾經多次演出韋瓦第雙小號協奏曲,三個樂章緊湊相和,結構一氣呵成。當時使用的樂器,是現代活塞式高音 A 調小號,由於韋瓦第雙小號協奏曲,是以 C 大調完成,因此一般而言,以現代高音 A 調小號來吹奏,可以使用較方便的指法,儘管如此,小號演奏家在吹奏曲中快速的音階、琶音或是顫音等技巧,時亦頗感吃力。為了體會巴洛克時期小號手的演奏難度,筆者也曾改試過以古樂器的仿製品,吹奏一些片段;令人訝異的是,自然小號在音色上的多變。一方面自然小號管身很長,管身又較細,因此它的音量實際上並不大,反而頗為柔和。

另一方面,當在自然小號上吹奏高階泛音時,音色與音量也會變得尖細,不必多說,其困難度是很高的。可是,由於自然泛音系列的作用使然,自然小號在音準上有其優勢,

並且在音階的移動上，可以借用某些圓滑奏的技巧快速移動，這也是它的好處。總體而言，巴洛克時期小號音色不如大多數現代小號般明亮，反而是以較柔和又有歌唱性的樂句為主流。

當然，自然小號絕非不能吹奏出明快響亮的音色，可是只能在第二或第三泛音系列上，音域較低的部分才能奏出明亮寬廣的音色，一般我們常見的軍號，管身短多了，它所吹奏出來的聲音也就明亮得多，可是它又缺乏自然小號的表現力。

總體而言，自然小號在巴洛克之前，並未被視為是獨奏樂器。可是在十七世紀上半葉，在義大利的波隆納與威尼斯，小號這一種高音樂器逐漸以 Clarino 高音技法，取得一席之地。小號的音域直上雲霄，不但可與直笛或雙簧管並駕齊驅，有時甚至與小提琴比美，在柯賴里的大協奏曲中，小提琴很少拉奏超過三個八度的音域，而自然小號的第四泛音系列，正好與之相抗衡。

研究韋瓦第的風格同時，也不能忽略阿比諾尼[22]與馬契羅兄弟的貢獻，他們的協奏曲均已具有極成熟的風格，其主題與過門之間的規律變化令人聯想到奏鳴曲式的發展，而他

---

22 阿比諾尼（Tomaso Giovanni Albinoni, 1671-1751），義大利作曲家。

們的作品，也的確影響了巴哈。

今日，音樂會中所演奏的阿比諾尼小號協奏曲，或是馬契羅的小號協奏曲，均是由其知名的雙簧管作品改編而來，可是以成果來看，倒是完全不令人失望，語法上毫無倒錯之處。如果事先不告訴別人音樂的出處，或許真令人以為它們是為小號所作的原版音樂呢！

本書所討論的義大利巴洛克風格，重點在於樂器方面的代表人物，的確較少談到其他重要領域的作曲家，如加利西米[23]的神劇代表作，裴高雷西[24]的喜歌劇[25]或是亞歷山大，史卡拉第[26]的莊歌劇[27]等；它們的努力不只使義大利歌劇征服了全歐洲，也一直稱霸樂壇直到二十世紀。尤其是史卡拉第所提倡確立的義大利式序曲，也就是歌劇開始前的序樂，是以快慢快三個樂段所組成的形式，這個形式直接影響了日後的協奏曲與交響曲的基本格式[28]。

---

23 加利西米（Giacomo Carissimi, 1605-1674），義大利宗教音樂家。

24 裴高雷西（Giovanni Battista Pergolesi, 1710-1736），義大利喜歌劇作家。

25 喜歌劇（Opera buffa）或稱諧歌劇（Opera comic），通常為兩幕歌劇。

26 亞歷山大·史卡拉第（Alessandro Scarlatti, 1660-1725），義大利歌劇作曲家，為 D.Scarlatti 之父。

27 莊歌劇（Opera seria），內容通常是歷史或神話故事，一般分為三幕上演。

28 劉志明《西洋音樂史與風格》。【史卡拉第的歌劇序曲】

　　義大利的音樂家率先提出對文藝復興複音音樂的反思，又以創新的巧思回應改革的呼聲，它們成功地為兩百年後的音樂發展打下重要的基礎，可以大膽的說，沒有義大利巴洛克的發展，就沒有音樂之父巴哈的成就了。

第六章　法國風格的影響

　　前章提到義大利風格如何深刻地影響著歐洲各國；然而，各地區對於義大利前衛的歌劇風格或是其他器樂曲風格絕非照單全收，其中尤其以法國的藝術品味為獨特。由 1610 年至 1774 年波旁王朝法國君主極權統治，總共只歷經三位君王，分別是路易十三（1610 至 1643），路易十四（1643 至 1715）與路易十五（1715 至 1774），政權穩定地掌握在王室手中，沒有頻繁的更迭爭戰，這樣的社會，似乎是極為適合發展藝術與音樂，表面上也似乎是如此，路易十三、路易十四與路易十五三位君王都喜愛音樂，其中尤其以在位最久的路易十四最為熱中，他甚至曾親自粉墨登場，在宮廷樂長盧利的芭蕾劇中飾演一角。1661 年落成的凡爾賽宮，是現今巴黎的訪客必定造訪的名勝，在人工運河上可容遊船；巨大的庭園幾如森林；更不用說那富麗堂皇的宮殿與窮奢極侈的裝飾。要建造凡爾賽宮如此規模的宮廷建築，不但耗時，而且所費不貲，若非擁有全國資源處分權力的集權君主，是絕對做不到

的。

　　可是如此集中的王權，當然也造就了一批貴族特權份子。儘管法國宮廷的禮儀，時尚與珠寶手飾都是當時歐洲各國上流社會爭相打聽模仿的對象，然而貴族的品味一但成為主流，民間的力量就不易發聲，這樣不對等的情形反映在十七、十八世紀的法國音樂上，可以說，就是以宮廷的需要與品味而建立的風格，君主的品味決定一切。從某個角度來說，音樂家若是無法得到皇室的庇護或是贊助，他或許根本難以演出作品，遑論其他！

　　法國本身的音樂學者，並不喜歡以法國巴洛克這樣的名稱來形容當時的音樂風格，可能也是因為法國的獨特音樂形式的確與義大利或日爾曼地區有著顯著的不同。例如在戲劇方面，法國人就對於義大利式巴洛克歌劇不太熱衷，對於法國宮廷來說，從十六世紀末到十七世紀中葉，宮廷芭蕾才是最流行的劇種。所謂宮廷芭蕾，就是以魯特琴或豎琴伴奏舞蹈，音樂部分則包括獨唱、合唱及器樂曲等，本質上就是一種舞蹈劇，以舞蹈為主，音樂則居從屬地位。十七世紀中葉，義大利歌劇引進巴黎，但並未獲得認同，法國作曲家正努力找到自己的歌劇形式。1670 年左右詩人培林[1]與作曲家坎貝

---

1 培林（Pierre Perrin, 1620-1675），法國詩人、劇作家。

爾[2]得到宮廷的支持，成立皇家音樂學院，專事推廣歌劇作品，他們甚至得到成立劇院的執照，建造巴黎第一座劇院。1671 年，坎貝爾作曲的歌劇《波蒙納》上演，甚獲好評，可惜培林經營無方，負債累累，遂被國王宮廷音樂總管盧利趁虛而入，收購了培林與坎培爾手上合法的歌劇院執照。稍後盧利以巧妙手腕得到國王准許，壟斷發表歌劇劇本的權力，專事歌劇製作與發表的皇家音樂學院就此落入盧利的掌控。

第一節　盧利的成就

從現存的盧利肖像上，可以看到一張絕對不輕易妥協的臉孔，華麗如波浪的鬈髮遮蓋不住他強壯的下顎，堅毅的嘴角似乎有一抹輕蔑，最令人印象深刻的，是那雙聰慧又狡黠的眼神，一望即知此人為達目的，必定用盡手段。

以盧利的出身背景，能夠一步一步被提拔至國王音樂總管，皇家音樂學院總監，甚至在法國音樂史上有一席重要地位，足以證明他絕非泛泛之輩。出生於義大利佛羅倫斯，十五歲時以侍從身分隨主人赴法國，僅知他是一名舞者並且能演奏小提琴，至於造詣如何就不得而知，二十歲時（1652）轉投宮廷，成為芭蕾舞團一員。盧利很快展露天份與手腕，

----

2 坎貝爾（Robert Cambert, 1628-1677），法國作曲家。

J. B. Lully（1632-1687）法國巴洛
克音樂家盧利肖像。（圖 23）

　　不僅以跳舞及小提琴的表演得到君主賞賜，他天生口才
一流，哄得路易十四開心，尤其國王與盧利年齡頗近，遂提
拔他為小提琴樂隊首席，不到十年時間，於 1661 年，即出任
宮廷音樂總管，當時盧利才二十九歲。剛獲皇上賞識時，盧
利並不諳作曲之道，但他年輕肯學，隨宮中樂師修習音樂課

程，也居然青出於藍。

盧利在 1672 年接管皇家音樂院之前，多是爲舞劇譜曲，但在他入主皇家音樂院之後，另外爲法國歌劇找到一條道路，使他成爲法國歌劇「抒情悲劇」[3]的創始者。

盧利的成就之一，在於採用壯麗的法國式序曲。序曲以慢板開始，導入輕快的對位式音樂。這種風格影響久遠，廣爲之後的古典音樂家採用。另外，盧利使用更自由也更有戲劇性的宣敘調，表達詩意更加絲絲入扣。儘管在盧利辭世以後（1687），他的音樂迅速爲人所忽略，但不可否認的是，他的確在建立法國風格上很有貢獻。他與詩人莫呂哀[4]的合作，語言與音樂合而爲一的魅力，就是證明。

很可惜的，對於喜愛法國音樂的小號手來說，最想發堀的法國巴洛克時期的銅管作品卻是鳳毛麟角，似乎法國宮廷對於器樂的興趣遠在歌舞之下，又或許法國當時的主流樂器是魯特琴與大鍵琴，他們的音量與音色與銅管不合，也有可能。總之，銅管樂器在當時的法國並未受重視是事實，但是，法國巴洛克風格有必要進一步討論，因爲法國音樂對於古典時期的影響十分重要，想要了解當時風格的演變，的確有需

---

3 抒情悲劇（Tragédies lyriques），由盧利開創的巴洛克法國歌劇，劇中音樂以抒情宣敘調與詠嘆調以及樂團合奏交替出現。
4 莫呂哀（Jean Baptiste Moliere, 1622-1673），法國劇作家。

要深入理解並感受法國音樂特殊的形式，早在十六世紀末，法國文人就對自家的語言、文學和音樂有著很深的執著與理念，如同歐洲的其他地區，文藝復興末期，複音音樂仍是法國音樂主流，香頌與舞蹈器樂曲十分流行，法國宮廷也支持新的藝術運動，正如同十六世紀末「佛羅倫斯集團」推行的復興古代希臘音樂的運動，法國宮廷詩人在國王查理九世[5]的支持下，成立音樂學院，專門討論法國語言與音樂之間的應對關係[6]。「佛羅倫斯集團」的作品並未成功地重現古希臘的榮耀，反而意外的啟動了單旋律宣敘調，或詠嘆調與數字低音的新時代。至於查理九世的音樂改革，則並未探討曲式的問題，而是專注在法語獨特而優美的韻味如何入樂的問題，這個努力的方向，基本上從未鬆懈，的確，要了解法國音樂的特色，就必須先了解法語與文學的魅力與結構才行，不只是巴洛克時期如此，時至今日依然如是！

---

5 查理九世（Charles IX）1560-1574 時期法國統治者。
6 皆川達夫；吳憶帆譯《巴洛克音樂》。第六章【優雅的宮廷音樂】。

第二節　歌劇芭蕾

　　盧利的壽命並不長，1687 年，他以五十五歲的盛年去世，據說，盧利在指導樂手演出舞劇時，將打節拍的權杖落在腳上，引發感染而死。這一年，巴哈與韓德爾才是兩歲嬰孩，而法國下一世代重量級作曲家拉摩，尚是四歲稚齡。以下即簡述此盧利辭世後，法國音樂的進展。

　　首先是歌劇芭蕾[7]的誕生，在盧利的時代結束之後，率先出現的風格，就是這一種強調幕間舞蹈，不重視連貫劇情的大雜燴，看來娛樂效果一流，可是劇本隨時可增刪的情境劇。其代表人物是曾任巴黎聖母院大教堂樂長的康普拉[8]，他在皇家音樂院任指導期間，仍然推出盧利的舊作，但由於路易十四在盧利辭世之前數年，已將興趣轉向宗教性的嚴肅作品，而在盧利去世後，國王對於宮中舞樂更無興趣，因此歌劇芭蕾在宮廷以外的貴族或大臣的贊助下得以上演。由於歌劇芭蕾並無一貫性的情節，這與抒情悲情劇可是大相逕庭；康普拉於 1697 年創作的歌劇芭蕾《華麗歐洲》可視爲類似作品開山之作。此外值得一提的作曲家包括康普拉的入室弟子戴德

---

7 歌劇芭蕾（Opera ballet），十七世紀末法國風行的一種舞蹈、音樂和戲劇效果的作品。
8 康普拉（André Campra, 1660-1744），法國作曲家。

仕[9]、喜歌劇的高手莫黑[10]，前者作品恬靜協和，將法國語文的美展露無遺。後者則是詼諧劇大將，擅長處理輕薄短小的故事，1717 年曾受聘爲義大利喜歌劇院作曲家，現今仍留存莫黑爲銅管創作的劇場幕間音樂，十分具有歡騰高雅的氣氛。這也證明了當時法國的銅管樂手，大概都在劇院裏等待上場機會，雖然主奏的機會很少，但是劇場還是需要某些銅管的角色的，例如在序奏或間奏曲中。此外戲劇的效果愈來愈受到注意，支持義大利風格的藝術浪潮高漲，甚至與較保守的法國本土派產生論戰。前面提到盧利的辭世象徵一個轉捩點，皇室不再頻繁地上演劇碼，反而是民間富人，與王公大臣取代，成爲贊助者的主要來源。一但國王的價值觀不再是唯一的標準，就容易在藝術上發生多元的競爭與發展。

---

9 戴德仕（André Cardinal Destouches, 1672-1749），法國作曲家。
10 莫黑（Jean Josef Mouret），法國劇作家、作曲家。

拉摩肖像。（圖 24）

第三節　法國歌劇大師拉摩

　　十八世紀法國歌劇最具代表性作曲家拉摩[11]，就是如此一位集法國十八世紀音樂成果之大成的人物。他的第一部劇作完成之時，已是五十之齡，劇名《伊波利特與阿麗斯》，首演於主要贊助人浦林尼耶家上演，大獲成功，之後，此劇趁勢再於同年於皇家音樂院上演，不但征服了皇室成員，即使高齡七十三歲的康普拉在聆賞之後，也公開表示佩服拉摩的創作才華。

　　拉摩在五十歲之前，並未譜寫歌劇作品，而是以管風琴手與理論家著稱，他所著的《和聲論》書中，所探討的和聲理論，對於近代古典和聲體系，有很大的影響。拉摩在四十歲左右移居巴黎，卻到五十歲才發表第一齣歌劇。事實證明，無論是抒情悲劇、歌劇芭蕾、田園劇或喜歌劇都能展現極高藝術境界。至於，為什麼他要等待如此之久，才創作歌劇，或許與本身謹慎的個性有關，也可能與贊助人的推動有關，總之，拉摩被譽為法國十八世紀最偉大的歌劇作曲家，他與歌劇的確是相見恨晚。

　　拉摩的劇作，融合大量的義大利手法，和聲純熟，配器

---

11 拉摩（Jean Philippe Rameau, 1683-1764），法國作曲家、理論家。

充滿戲劇效果，至於老前輩盧利慣用的舞蹈與華麗佈景，也能在拉摩的作品中找到。由於得到法皇路易十五欣賞，拉摩在凡爾賽宮上演芭蕾與歌劇。值得注意的是，他強化了合唱團與樂團在音樂上的地位，唱歌部分則採義大利風格，容許歌手展現技巧，種種的不同手法，均頗成功，終於引起了擁護傳統的「盧利派」和追求現代感的「拉摩派」激烈的論戰。從另一個角度來說，這個新舊的論戰，也證明了拉摩的成功。可惜的是，法國十八世紀歌劇的最高峰，也隨之過去，之後的改革就由葛路克、韋伯或華格納來接替。十八世紀末的法國，王權沒落，民權高漲，終於爆發法國大革命，路易十六上了斷頭台，法國的音樂要等到稍後白遼士等人的出現，才又與西歐的音樂主流接軌，但是法國古典音樂永遠失去如義大利或德奧音樂一般風行全世界的感染力。也許法國曾經有機會以它的芭蕾歌劇文化反攻全歐洲，但最終，法國風格僅停留在某一種層次，而未能進化至影響全人類情感的深刻境界。

第四節　舞曲與鍵盤音樂的發展

　　然而法國巴洛克風格有另一項重要的貢獻，也就是宮廷
舞曲成為器樂曲樂章的重要推力[12]。例如快速的兩拍子舞曲
《布雷舞曲》[13]，就是風行於路易十四的宮廷舞樂，盧利更
是經常於作品中引用；同樣的情形也同樣見於《嘉禾舞曲》[14]，
一種比布雷稍慢一些的兩拍子舞曲，其他如《薩拉邦德舞曲》[15]
或是《基格舞曲》[16]，則儘管不是發源於法國，可是均於十
七世紀的法國宮廷成熟，進而，影響義大利與德國，紛紛採
用這些舞曲為器樂曲之快慢樂章。

　　法國宮廷一向喜歡芭蕾，舞蹈音樂的形式，得以在法國
得到充分的發展，自是不足為奇。在舞樂方面，歐洲各國，
也不至於會自認能夠凌駕在法國之上，他們唯一能夠做的，
就是以成熟的器樂手法，來表達這些舞曲的精神。十分不可
思議的是，採用這些固定的舞曲形式來編排室內奏鳴曲或獨
奏曲，尤其是鍵盤音樂，的確獲得很大的成功，不獨然在義

---

12 陳國泮《不同凡響的巴洛克舞曲》（上）。
13 布雷舞曲（Bourrée），輕快的兩拍子法國宮廷舞蹈。
14 嘉禾舞曲（Gavotte），中庸速度的四拍子舞曲，源自法國宮廷。
15 薩拉邦德舞曲（Sarabande），緩慢的三拍子舞曲，由西班牙開始流行，
　 後傳入法國。
16 基格舞曲（Gigue），源自英文的快速複拍子舞曲，兩拍子或四拍子，
　 後由法國與義大利大量採用。

大利或法國本身，即使德國地區也是如此。

　　提到巴洛克時期的法國作曲家，一定要提另一位晚期巴洛克的鍵盤天才庫普蘭[17]。最奇怪的是，庫普蘭一生中最好的作品，幾乎全為大鍵琴所寫，且創作動機並非工作所需，或是出自贊助人或雇主的敦促，他似乎是極早就能擁有藝術家自覺的作曲家，自行出版大鍵琴曲集，甚至，完成一本著作《大鍵琴演奏藝術》，來深入探討法國音樂風格與思考邏輯。庫普蘭深諳法國音樂速度與節奏細緻的變化與層次，他本人，也以細膩的手法詮釋作品，格式大多採用熟悉的舞曲，描繪出各種意象。在以音符表達出主題人物的形象方面，庫普蘭的精確手法，尚難有人能出其右。

　　在庫普蘭心目當中，大鍵琴的音色與發聲，就是法國古典樂思的核心，可以精確的表達出法國語言的美，與彈性速度的絕妙之處。庫普蘭曾經指出，義大利的器樂核心美感乃是建立在小提琴的音色與旋律線條上，而德國的同時期音樂則建立在另一種鍵盤樂器上，也就是厚重又莊嚴的管風琴。各地區不同的傳統與美感結構，的確在曲式與織度上，各自發展出本身的特色。

---

17 庫普蘭（Francois Couperin, 1668-1733），法國作曲家、理論家。

第五節　法國風格的獨特性

提到法國的大鍵琴音樂，自然不能忽略大鍵琴的前身 — 魯特琴[18]。魯特琴的地位一向是以典雅的藝術性樂器著稱，在法國尤其享有崇高的地位，做為獨奏樂器、聲樂或舞蹈音樂的伴奏樂器，魯特琴自文藝復興至巴洛克早期，一直受到法國作曲家的重視。魯特琴的外型看起來是吉他或曼陀林的混合體，十七世紀早期法國作曲家如葛第耶[19]、法蘭西斯克[20]等，皆為魯特琴譜出傑作，包括以舞曲形式構成的獨奏組曲，或是標題式的音樂作品，都成功地影響了日後的曲式風格。前者以舞曲交織而成的組曲形式，成為巴洛克時期一種重要且普遍的風格，無論在任何地區，都有大量的器樂曲依此形式編排。對於巴洛克之後的古典或浪漫而言，交響曲、協奏曲或是其他室內樂作品，仍保留了部分舞曲的成分，可見在十七世紀初，法國的魯特琴音樂內容，的確是有過人之處。儘管如此，魯特琴的流行在十七世紀中葉，也就是巴洛克早期，便迅速地消退了，取而代之的就是大鍵琴，一種

---

18 Gordon, S.《*A History of Keyboard Literature Music for the Piano and Its Forerunners*》. 第一章【撥弦鍵盤樂器】。

19 葛第耶（Denis Gaultier, 1603-1672），法國作曲家。

20 法蘭西斯克（Antoine Francesco, 1570-1605），法國作曲家。

兼具撥弦音色與鍵盤機制的樂器。

　　魯特琴不再風行的原因，在於它的樂器構造，已不堪負荷越來越繁雜與寬廣的音樂需求，增加琴弦雖然使音樂變得更廣，但也使得調音與彈奏成為困難的事。相形之下，大鍵琴的操控性好得多，調音方便且固定，彈奏容易。早期的大鍵琴音樂基本上仍是魯特琴技法的轉移，無論形式或是旋律與裝飾音的寫法，都十分近似，此時的大鍵琴只是魯特琴的優良替代品，其他作品主要仍繼承魯特琴的風格與形式。然而，大鍵琴畢竟是鍵盤家族樂器，它很快就展現出不同於以往的特色，如前述法蘭斯華·庫普蘭的叔父路易·庫普蘭[21]；就使用更多聲部的織度，而使得他的大鍵琴作品含有更多對位的手法，這種多聲部對位的手法，在魯特琴傳統技法中十分罕見。

　　在路易·庫普蘭之後，另一位作曲家丹格貝爾[22]更是表明要追求更純粹的大鍵琴音樂，徹底在技術上區隔大鍵琴與魯特琴的特色。而這些推動大鍵琴內涵與技巧提升的風潮，終於使得大鍵琴得到壓倒性的勝利，成為法國最重視的樂器，而集其大成的人物，就是前述的法蘭西斯庫普蘭，他於

---

21 路易·庫普蘭（Louis Couperin, 1626-1661），法國作曲家，為 F.Couprin 的叔父。
22 丹格貝爾（Jean-Henri D' Anglebert, 1628-1691），法國作曲家。

1716 年出版的著作《大鍵琴演奏藝術》也成為巴哈研讀的課本。

　　回顧本章對法國巴洛克時期的討論，可歸納出部分結論；那就是法國的音樂風格實在難以被同化，他總是在關鍵之處，刻意保持著自身的文化自覺，絕不輕易地接受外來的文化輸入，相反地，其他地區卻頗能欣賞法國式的品味，即使法國音樂與舞蹈，並不容易在法國以外的地區重現其韻味，可是其他地區的文化，卻十分樂於在既有的架構上，加上一些法國風味。法國序曲堂皇又充滿宣敘意味的風格廣為流傳，兩段式舞曲的應用發揚光大，鍵盤樂器的理論與技法，甚至影響遠至浪漫派的理念。如果法國社會改革成功且未曾發生法國大革命如此毀滅性的社會運動，或許率先改革歌劇的作曲家會是法國人，也可能法國會先於其他歐洲地區，產生民族樂派的音樂；雖然事實證明，上述都未曾發生，但是不可否認地，法國音樂中洋溢的詩意與情感刻劃的確是大有深意，可以說，法國作曲家並未將心力放在研究器樂音色與織度純粹的力量上，而是全心地探索，如何以音符表達法國式的抒情世界，除了一部分宮廷的歌功頌德、浮誇虛矯的歌舞場面之外，法國作曲家只要一有機會，就會思考文學與藝術如何適切融合的問題，在這一點上，義大利巴洛克作曲家

的器樂作品則是著墨甚少，義大利作曲家全心鑽研樂器本身的極限與表現力，創造出一種無需言語的純音樂，絕非為文學或繪畫服務的工具，而法國的音樂思維，則如同 1571 年法王夏勒九世支持成立的「詩樂學院」所確立的理念一般，將法國文學與音樂結合，以詩入樂，以樂唱詩；這種獨特的法國人文思想，才是法國音樂一貫遵循的主流，直到今日，依然不變。

第七章　英國巴洛克風格

　　在討論過義大利巴洛克與法國巴洛克的作曲家風格之後，以下要介紹一些英國的作曲家與風格。曾經派出無敵艦隊征服各大洲，有「日不落國」稱號的大英帝國，在十七世紀的巴洛克時期，音樂風格發展如何？

　　在筆者的心目中，英國是不可取代的音樂大國，直到今日，倫敦的音樂活動仍是世界上首屈一指的，無論是音樂劇、舞台劇、歌劇乃至各種交響樂、室內樂或獨奏會，都能在英國欣賞到最高水準的演出。此外英國又擁有世界最佳的錄音工程設備與人員，全世界的藝人都樂意前來倫敦完成他們的作品錄製工作，的確，倫敦的大小劇場每天均上演莎士比亞或現代劇作，音樂廳則有數大頂尖交響樂團演出經典曲目，更不用說幾個老牌劇院固定上演歌劇與音樂劇座無虛席的盛況，真是一個音樂愛好者的城市。對我而言，造訪倫敦的確是十分愉快的經驗，作為一個職業的銅管樂手，很早就注意到英國擁有很高超的合唱與合奏水準，不明白為什麼英國人

的理性與感性總是可以調和的如此完美，全世界最佳的人聲合唱，國王歌手或是西敏寺合唱團都是指標團體。倫敦銅管重奏團以及黑磨坊銅管樂隊則是世界頂尖組合。

第一節　共和時期的斷層

在巴洛克時期，英國的音樂似乎呈現冷清的狀態，只有普賽爾一位作曲家比較廣爲世人所知，當然，還有活躍於倫敦的韓德爾，但是韓德爾畢竟來自德國哈雷，並不能以英國本土作曲家視之，然而，英國自十五世紀以來在音樂上並未缺席，無論是牧歌、器樂合奏或是以維吉諾琴[1]爲主角的鍵盤音樂，都有很高的水準，代表性的作曲家有經文歌作曲家塔瓦那[2]與塔利斯[3]；他們必須爲天主教儀式與英國國教作曲。自從 1534 年英王亨利第八公然抗拒天主教皇的權威，另訂國教之後，英國的宗教狀態產生了近百年的混亂，時而歸附教廷，重返天主教（如瑪利女王與其夫婿西班牙的菲力普二世在位的六年時間），時而英國國教抬頭，（如伊麗莎白女王自 1558 至 1603 的漫長統治），幾乎整個十六世紀，英國宮廷是

---

1 維吉諾琴（Virginal），文藝復興時期英國最流行的鍵盤樂器，形似小型的大鍵琴。
2 塔瓦那（John Taverner, 1490-1545），英國作曲家。
3 塔利斯（Thomas Tallis, 1505-1585），英國作曲家。

以推行新教來推拒天主教廷的權威，前述的作曲家處境的確十分尷尬，他們必須適應傳統天主教以拉丁文爲經文的風格，被全然的英語所取代。儘管如此，英國在塔瓦那之後依然人才輩出，最傑出的人物是拜爾德[4]，他雖身爲天主教徒，但也爲英國國教寫作經文歌，他的器樂合奏與鍵盤音樂均有優良質量。比拜爾德稍晚的作曲家有威爾克斯[5]、吉本斯[6]與湯姆金斯[7]等，他們皆活躍於十七世紀上半葉。與拜爾德不同的是，他們並不爲羅馬天主教的儀式作曲，而僅服務英國國教的需要，時值伊麗莎白女王大權在握，新教的思維成爲主流也不令人意外。總之，英國王室與羅馬天主教廷之間的爭執，似乎並未傷害英國文藝復興的音樂進展，英國在十七世紀上半葉的音樂土壤是肥沃的，經文歌、牧歌、宮廷假面劇乃至於以維吉諾琴爲主的鍵盤音樂，均十分蓬勃，爲什麼英國無法在文藝復興輝煌的成就上再創另一個高峰呢？歷史學家普遍認爲清教徒革命與共和時期是最主要原因[8]。

1649 年，英王查理一世結束了二十四年的統治，被貝克倫威爾黨人處死之後，一個以奧立佛・克倫威爾爲首的統治

---

4 拜爾德（William Byrd, 1543-1623），文藝復興晚期英國作曲家。
5 威爾克斯（Thomas Weelkes, 1576-1623），英國作曲家。
6 吉本斯（Orlando Gibbons, 1583-1625），英國作曲家。
7 湯姆金斯（Thomas Tomkins, 1572-1656），英國作曲家。
8 皆川達夫；吳憶帆譯《巴洛克音樂》。第七章【革命與音樂的命運】。

集團，便以極端的清教徒主義，管理英國政治，當然，以今日的歷史現況觀之，清教徒的革命是失敗的，共和體制僅維持了十年，就壽終正寢。查理二世於 1660 年即位，王室再度得回統治權；相形之下，法國路易王朝的覆亡，就沒有回頭路了，而英國至今仍是君主立憲，國王仍是國家元首，皇室的命脈仍是代代相傳。

回到 1649 年來觀察，共和體制對於音樂和戲劇是充滿了戒心的，既然國王都已經遭處決，藝術家自然噤若寒蟬，十年的藝術寒冬，音樂、戲劇類的創作活動受到嚴格的審查或禁止，劇院關門、贊助斷絕，使得英國的巴洛克時期被一個大斷層，從中阻礙了。在共和時期音樂斷層之前，英國的宗教音樂有天主教拉丁文的經文歌以及英國教的英語讚美詩，讚美詩又分為完全合唱讚美詩與獨唱讚美詩兩種，在革命之前，又有加上持數字低音伴奏或以多聲部器樂伴奏的合唱與獨唱讚美詩。然而在革命之後，則只准以英語演唱的無伴奏詩篇，內容是聖經章句，供信眾齊唱使用。

十六世紀末，在伊麗莎白女王宮廷中，流行以法國宮廷芭蕾加上義大利幕間劇的戲劇元素，揉和而成的假面劇。這種風行於英國宮廷的娛樂，採用豪華的布景，演員也細心裝扮。劇本不外乎是神話或寓言故事，音樂伴奏著芭蕾舞蹈、

獨唱與合唱，更特別的則是對白。無論如何，英國人熱愛戲劇的天性是難以改變的，假面劇的本質就是一齣華麗的舞台戲劇，間或以音樂與戲劇來加強效果；在清教徒革命之後十年間，劇院多半遭到關閉的命運，不用說，戲劇音樂受到了重擊。儘管在皇家劇院關閉之後，私人民間性質的演出仍有一些空間，可是在教堂詩班遭解散，管風琴遭破壞以及假面劇禁止上演的惡劣環境中，音樂進展幾已停頓。在鍵盤音樂方面，英國文藝復興晚期達到顛峰水準的維吉諾琴音樂，內容包括變奏曲、幻想曲、舞曲以及專屬於英國所獨有的標題音樂，專與文字相連結，如此豐富的內容也中斷於 1649 至 1660 年的黑暗時期。在共和結束，查理二世即位之後，英國的鍵盤音樂已將興趣轉移至大鍵琴與法國式的舞曲組曲，英國的鍵盤傳統已不復見。

第二節　「英國的莫札特」——普賽爾

　　英國最重要的作曲家亨利・普賽爾生於 1659 年，正好是王權復位的前一年。雖然他的壽命不長，只活了三十六歲，卻也沒阻止他成爲英國巴洛克時期最知名、也最有份量的作曲家。在普賽爾出生後次年，共和時期結束，王權復位，皇家劇院又再度啓用，皇家教堂的詩班也重組成立。查理二世是一位喜歡音樂的君主，他模仿路易十四，在宮廷中也設立了小提琴樂團，甚至於以贊助人的身分，挑選具有才華的青少年，遠赴法國或義大利學習音樂，這樣的氛圍十分有利於音樂的發展，但是也呈現出一件可悲的事實，那就是英國人在音樂上有傳承的危機感。在 1660 年左右，法國宮廷正舉辦法國路易十四大婚慶典，盧利正在嶄露頭角之際，法國式的歌劇芭蕾與稍後的抒情悲劇，都在推陳出新的創作；而在義大利，正值器樂曲大行其道的年代，威尼斯的歌劇也蓬勃發展。剛剛結束荒蕪的共和時期的英國，直覺地被法國與義大利的璀璨所吸引，也是無可厚非的。例如擔任皇家弦樂團作曲家的韓福瑞[9]，就曾獲皇室贊助，前往法國，並拜在盧利的門下學習，韓福瑞的貢獻，主要是以英語創作了大量英國國

---

9 韓福瑞（Pelham Humfrey, 1647-1674），英國作曲家。

普賽爾肖像。(圖 25)

教禮拜音樂。此外，西敏寺風琴師約翰·布羅[10]也是斷層之後出頭的作曲家，他的歌劇採用了法國風格的芭蕾與法國序曲等元素，又能融合義大利詠嘆調與宣敘調的風格，在大膽借用外來風格之餘，也忠實的保留了英國作曲前輩所遺留的傳統，那輝煌的文藝復興晚期英國傳統，樂觀又典雅的質地，造就了布羅成功的田園色調。此外，英國宮廷引進義大利歌劇，查理二世也下令邀請紅極一時的盧利，到倫敦演出其作品，雖然此一計畫並未成功，但已足以顯示英國王權復位之後，英國對於彌補斷層的焦慮感與努力之處。

　　在經文歌與歌劇之外，樂器的音樂也搭上了巴洛克黃金時期列車，不但吸收了義大利波隆那樂派的三重奏鳴曲，也導入了法國的大鍵琴曲風。教堂大量重建曾遭受破壞的管風琴，因此也創造出許多優秀的禮拜用管風琴作品。看起來，在最短時間內，英國音樂又迅速與歐陸接軌，音樂演奏與劇場又蓬勃起來，正適合天才型人物如普賽爾的出現。

---

10 約翰·布羅（John Blow, 1649-1708），英國作曲家。

第三節　普賽爾的成就

身為一個小號演奏者，在提到普賽爾這位作曲家時，必定會覺得十分親切，因為他為小號所作的獨奏曲，通常是由管風琴伴奏；的確是珠玉之作，這些曲子均採用同一調性的快慢快三樂章形式，以義大利風格呈現，其內容並不同於同時期義大利作品中較為華麗奔放的華彩旋律，反而是充分表達了一份質樸與從容，一般考證均認為普賽爾的器樂奏鳴曲（今日或直呼為協奏曲）形式是模仿自義大利波隆納樂派[11]，尤其是卡薩提與韋他利的作品對他的影響更大。這一點應是無庸置疑的；乍聽之下，普賽爾的器樂作品與十七世紀中葉的義大利奏鳴曲，並無二致，唯有在其音樂內涵部分，可以發現明顯的不同，義大利式的明亮與華麗絕非普賽爾所追求的，英國式的典雅與欲言又止，才是他的拿手好戲。此外筆者也曾參與普賽爾的歌劇《荻朵與安涅斯[12]》的演出工作，這是一個非常難得的機會，因為巴洛克歌劇是早已瀕臨絕種的藝術形式，弦樂必須使用羊腸弦，並且調低約一個全音，

---

11 雷朋與肯道爾主編；黃寤蘭中文版主編《西洋音越百科全書》——『古典音樂源起』（上冊）。【普賽爾】。

12 「荻朵與安涅斯（*Dido and Aeneas*），普賽爾於一六八九年發表的名劇，少有的類歌劇作品。

沒有指揮來提示音樂，而是以大鍵琴演奏者為中心，尤其英國巴洛克歌劇並非完全以器樂與歌手來呈現劇情，而是添加了大量的對白、舞蹈和戲劇組合而成的舞台劇，雖然普賽爾以他的天才為歌劇加入美好的音樂，但《荻朵與安涅斯》一劇仍與義大利式歌劇大不相同。不僅如此，終其一生，普賽爾的戲劇作品重心，在於致力於英國傳統的假面劇形式[13]。

　　普賽爾出身音樂世家，他的父親與叔父均曾任職於皇家教堂詩班合唱團，此一音樂組織一直是具有音樂天份的少年進修音樂技能的場所，在共和時期遭到解散，想必普賽爾的父親當時一定不好受。在普賽爾出生後一年左右，查理二世復位，據載，國王的加冕典禮中有重組的皇家教堂合唱團演唱，當然也包括普賽爾的父親在內。

　　普賽爾擁有過人的音樂才華。二十三歲就接替約翰·布羅的職位成為西敏寺管風琴師。這個位置相當於宮廷作曲家，普賽爾與莫札特均出自音樂世家，也都只活了三十幾年便英年早逝，但是除了上述的相似之處之外，他們的命運可說是大不相同。莫札特幼年便以神童之姿遊歷歐洲各國，而普賽爾則在少年時加入皇家教堂兒童詩班，直到聲帶變聲為

---

13 Hindley, Geoffrey . （Editor）.《*Larousse Encyclopedia of Music*》. 第四章【巴洛克背景 —— 英國音樂】。

止，才接受安排至西敏寺擔任布羅的助手。莫札特始終抗拒留在家鄉薩爾茲堡爲大主教服務，終其一生並未獲得理想又穩定的職位，但普賽爾則少年得志，年僅二十三歲便接替前輩布羅的職位，這個安排並不尋常，因爲布羅交出西敏寺司琴時也才三十三歲，並非年邁體衰，可是其中詳情礙於史料不足，難下定論。總而言之，普賽爾極受宮廷喜愛，且是一位政治正確度很高的作曲家一事，應無疑義；揆諸他的創作軌跡，也證實他始終是以英國傳統內涵爲最高準則的作曲家。

　　普賽爾最令人讚賞的能力就是他能熟練地使用各種新舊的曲式與風格，並且可以將這些不同元素轉化再生爲英國音樂。普賽爾創作了許多宗教音樂，包括舊時代的傳統無伴奏合唱，以及用管風琴伴奏的獨唱曲讚美詩；在後者這種巴洛克當代風格的作品中，往往融合法國序曲，義大利詠嘆調以及英語爲歌詞的合唱等等。可以清楚地看出來，普賽爾企圖完成的，一直是偉大的英國音樂，至於採用何種方法，並不是他主要考量的重心；他的合唱作品中極爲講究的英語節奏與腔調，更是證明。這個優良的成就也深深影響了之後數百年英國的合唱傳統，即使日後韓德爾的神劇作品，也接受了普賽爾的合唱風格。

普賽爾《黃金奏寫曲》之一頁手稿；為三重奏鳴曲式。（圖 26）

　　至於普賽爾的器樂作品方面，雖然並非他的創作重心，但也有許多傑出的三重奏鳴曲、四重奏鳴曲以及獨奏奏鳴曲，均採用外來的義大利曲式；而鍵盤作品則以法國式的大鍵琴奏鳴曲為範本，創作出舞曲組曲。之前本文已提過的小號與管風琴奏鳴曲可歸類為義大利式奏鳴曲，其成就不亞於任何一位義大利早期巴洛克作曲家。簡而言之，普賽爾的器樂作品大多以義大利與法國曲式為主，並以他高超的作曲技法與高尚的品味，將英國本土音樂與國際接軌了。

　　普賽爾短暫生命中的最後十年，奉獻給他最能發揮才華的戲劇作品，英國觀眾自從十六世紀末以來都偏愛假面劇，

義大利歌劇或是法國抒情歌劇，都未能改變英國人的愛好，以當時的標準而言，他的劇作中僅有《荻朵與安涅斯》具有歌劇的形式。雖然它具有豐富的旋律，而且序曲、間奏曲與合唱無一不有，但該劇的形式仍包含濃厚的舞台劇成分，終其一生普賽爾，不曾完全以義大利式風格創作歌劇，而是忠於英國傳統。但是他所創作的親切旋律、歡快的韻律與無與倫比的自然不做作，構成極為可親的音樂。即使普賽爾一生當中，只完成了一部歌劇，便也足夠名留青史。

在韓德爾抵達倫敦之前，也有幾位器樂曲的能手，如克拉克[14]著名的劇院信號曲，芬格[15]的小號奏鳴曲等等，都是優秀的作品，曲式均為義大利式奏鳴曲或組曲，但是風格卻是十足英國腔調，輕鬆又典雅的作品。

普賽爾曾為四十餘部舞台劇配樂，顯然他企圖走出屬於英國自己的音樂戲劇之路。如今看來，普賽爾或許活的不夠長，因為在 1695 年完成《暴風雨》之後，就離開人世的他，並沒有親眼目睹義大利歌劇在英國流行的狀況。1711 年，韓德爾的歌劇在倫敦大受歡迎時，普賽爾堅持的歌劇形式已不復見，但足堪告慰的是，以英語為中心的音樂傳統並未中斷。

---

14 克拉克（Jeremiah Clarke, 1675-1707），英國作曲家。
15 芬格（Godfrey Finger, 1660-1730），英國作曲家。

　　普賽爾以後三百年，英國似乎不曾誕生相同份量的作曲家，直到二十世紀上半葉班哲明・布列頓[16]走紅國際樂壇之後，才讓英國人鬆了一口氣，額手稱慶終於後繼有人。布列頓自己也深知身負傳承重任，為了向前輩致敬，布列頓採用一段普賽爾原創旋律為主題，寫了管弦樂名曲《青少年管弦樂入門》留傳於世。

　　英國在清教徒革命之後，王權不曾再遭遇過中斷之禍，君主立憲的體制使人民享受民主法治之後，王權僅為法統的象徵；個人認為英國王權之所以能存續的原因，主要在於英國人民的包容與質樸，反映在音樂上，也是如此，英國的音樂大門永遠為全世界開放，吸收最好的文化養分，再成長茁壯為英國的肢體，有關三百年來英國只有普賽爾與布列頓兩位明星的說法並不正確，因為實際上的情況是英國的音樂文化極具影響力，在二十一世紀的今日，更見其重要性。

---

16 班哲明・布列頓（Benjamin Britten, 1913-1975），英國當代作曲家。

第八章　十八世紀之前的德國音樂發展

今日的愛樂者普遍認知「音樂之父」巴哈的地位，不僅是在學術理論上無窮的寶藏，宗教情懷表達出來的至高虔誠，也包括與純音樂美學角度精巧之極致。但是，巴哈的音樂，與其說是巴洛克晚期的最高峰，倒不如說是新時代的開啓，而理解與消化巴哈的音樂結構和內涵的工程，二十一世紀仍在進行當中。

第一節　日耳曼曾是音樂文化落後地區

說來有趣，巴洛克時期啓蒙於義大利威尼斯，並且在義大利許多城邦如波隆那、佛羅倫斯或羅馬產生各種不同風格的傳統，創造出一波器樂與歌劇的黃金浪潮。法國則有歌劇芭蕾、抒情悲劇與高超的標題式鍵盤音樂，在音樂風格上獨樹一幟。英國則有伊麗莎白女皇盛極一時的文藝復興高峰，雖然後來的音樂影響力遠不及義大利與法國，但英國也有假

面劇和英語合唱傳統。然而，從中世紀至文藝復興晚期數百年間，德國一直是音樂文化的落後地區，接受外來的文化音樂風格影響。自中世紀以來，德國的政治版圖大致均以各區各邦爲範圍來發展，實施地方分權的統治制度，因此德國有許多各有特色的城邦，南邊接近義大利地區，就能迅速接收來自義大利的知識，北邊接受尼德蘭地區風格，則較方便；總之，德國不像法國，幾乎重要的法國音樂家與風格演變都集中在巴黎一地。英國也是如此，重要的人物與事件都在首善之區倫敦發生。德國比較像義大利，由選侯或總督分治各邦，也因此在不同城市發展出各有特色的教會音樂或世俗風格。就以巴哈爲例，曾在少年時赴倫恩堡擔任聖米歇教堂詩班團員，之後曾擔任的音樂職務散佈許多城市，如爾恩城的邦尼法蒂斯教堂風琴師，幕豪森市的聖布拉色斯教堂風琴師，以及二十三歲時赴威瑪任領主恩斯特公爵宮廷風琴師，三十二歲轉赴哥登任樂長，不用說還有之後的萊比錫時期。每一個時期巴哈得要應付不同的雇主與任務需要，在每一個城市，巴哈都留下很不同的音樂作品，像巴哈這樣四處遷移旅行謀職的音樂家，在德國是一種常態存在，但法國或英國就不常見了。

　　要想仔細討論巴哈的音樂內涵，必須先了解德國音樂是

如何從落後、逐步透過文化輸入和學習，慢慢轉化為日耳曼式的成熟音樂。為什麼今日人們談到巴洛克音樂，第一個推崇的作曲家就是巴哈，之後也許會提到韓德爾的《彌賽亞》或是韋瓦第的小提琴協奏曲《四季》。至於法國的盧利或英國的普賽爾所識者恐不多見，而要是談到拉摩的法國歌劇或是柯賴里的大協奏曲，恐怕大多是無言以對。這種現象說明了，十八世紀德國音樂的發展確實驚人，一切西方音樂的理論基礎，如記譜法、平均律、對位法都在此時的德國達到成熟，巴哈的成就絕不僅是他本人美學上的觀點得到認同而已，而是他以一己之力，統合並展示了前所未有的完整風格與技法，以他個人的天才，為之後兩百五十年的西方音樂（包括流行與爵士）確立宏大的基礎，「音樂之父」美名絕非僥倖。

第二節　巴哈之前兩百年的轉變

　　分析巴哈之前的德國音樂發展，就是一個進入巴哈所繼承的音樂傳統的重要途徑。基本上，如果要以最容易的方法來分析德國音樂紀元，以巴哈的出生年 1685 年為出發點，饒具意義；再往前回溯一百年，「德國音樂之父」舒茲[1]誕生年1585，是完美的巧合，舒茲以他真誠又純熟的複音音樂，啟發了德國音樂的發展，被尊稱為「德國音樂之父」。從舒茲出生再回溯一百年，精準的說應該是一百零二年，宗教改革者馬丁·路德[2]於 1483 年出生。以上三位重要人物的誕生，正好劃分了兩百年的歲月，而這兩百年也正好是德國音樂急起直追的時期，以他們的貢獻為經緯，更容易了解其過程。

　　新教在歐洲推展的過程中，德國是最早也是接受最完全的國家，宗教改革者路德原出身德國天主教會神父，他「改革」天主教會的理論基礎，便是愛與救贖與人神之間的關係，天主教會僵硬的禮拜儀式與忽略救恩的表象主義使路德決定以基督核心教義出發進行改革，如何使人與聖靈得以建立親

---

1 舒茲（Heinrich Schutz, 1585-1672），德國作曲家，有「德國音樂之父」
　稱號。
2 馬丁·路德（Martin Luther, 1483-1546），德國神學家、音樂家、宗教
　改革推動者。

密關係的禮拜方式至為重要,路德注釋新約聖經,並著重音樂如何在儀式中發揮作用,他本人具備頗高的音樂素養,與其後追隨其宗教音樂理念的作曲家,發展出聖詠曲[3],一種多聲部的聖詩合唱,聖詠的詞曲形成珍貴的音樂資產,時至今日,無論是聲樂或是器樂作品,不斷地引用聖詠的織度和內容精神作為形式,使聖詠的價值更加彰顯。

馬丁·路德的理念追隨者很多,主要者如約翰·瓦特出版的「聖歌本」中均為多聲部聖詠曲,它們是不超過五部為主的合唱作品,主旋律清一色均放置在上低音聲部,也就是四聲部合唱中的男高音聲部,其他的聲部則以對位式的模仿或和弦式的織度行進,十六世紀末,聖詠曲中的旋律由上低音部轉移到高音聲部,這也預告了高音聲部為主的時代,已然到來。

十六世紀的路德教派宗教音樂,當然無法避免受到文藝復興時期尼德蘭樂派的影響,這使得原本即深受尼德蘭風格影響的天主教經文歌與新教聖歌的音樂形式,產生了交集,即使歌詞語言與內容存在很大差異,然而其多聲部模仿性格仍十分相似,其中最主要的作曲家是拉素士。[4]拉素士的背景

---

3 聖詠曲(Chorale),德國新教教會中會眾使用的合唱聖詩。
4 拉素士(Orlande de Lassus, 1532-1594),文藝復興法國—德國作曲家。

十分有趣,出生於法國 —— 法蘭德斯,而後在南方義大利遊歷工作了十二年,羅馬、西西里與拿波里都有他的足跡,二十四歲赴慕尼黑擔任大公宮廷音樂總管,之後終老於德國。身為文藝復興晚期最傑出的作曲家之一,拉素士以產量豐富且樣式多元著稱,無論是法國、義大利或德國的音樂風格,他均得心應手。除了俗音樂之外,拉素士的經文歌(為天主教儀式而寫)數量多達五百多首,是他最精采的作品種類。在新教改革成功地在德國推行之際,德國並非完全脫離天主教影響,也就是說,作曲家往往在為天主教作經文歌之餘,也為新教創作宗教作品,拉素士生命中最後二十八年歲月為慕尼黑大公阿布里希特五世工作,這個德南城市仍接受義大利教廷的宗教方針,並未接受新教的改革運動,拉素士本人接受新教,但宗教方面的傑作則以天主教經文歌為主,這也是他最出色的樂種,最令人印象深刻的就是其經文歌交織的細膩情感描寫技巧,無人能出其右。

在「德國音樂之父」舒茲的時代來臨之前,德國的本土思維最突出的就是馬丁・路德的宗教改革與聖詠曲的發展,至於其他的音樂風格均極受尼德蘭與義大利樂派的影響,例如拉素士寫的德文俗歌曲便以牧歌形式創作。嚴格來說,事實上也是如此,拉素士並不能算是德國作曲家,在他之後的

重要作曲家也無法擺脫外來影響，如萊赫那[5]、雷納特[6]與哈斯勒[7]三位活躍於十六世紀末的作曲家，他們的風格均為義大利式，其中哈斯勒還是安德烈·加布瑞里的學生，當時德國青年音樂家遠赴威尼斯學習，是尋常之舉，這當然也說明了德國在十七世紀之前的音樂自覺尚未建立。當時德國的器樂曲仍未由模仿聲樂曲的改編獨立出來。至於教會十分倚重的管風琴也未見新意，音樂藝術仍相對落後的德國，新的力量要等到舒茲的時代來臨，才迸發出來。

前面提到多次有關外來音樂影響德國的情形，至於德國何時融會這些外來影響進而走出自己的風格，產生自我驅動力，不再仰賴外來元素的指引，上述問題，終於在十七世紀逐漸找到答案，關鍵人物當然包括「德國音樂之父」舒茲（1585），但也一定要談一談與舒茲並稱「德國三 S」的另兩位傑出德國作曲家，他們分別是夏因[8]（1586）與夏德[9]（1587）。

5 萊赫那（Leonhard Lechner, 1553-1606），德國作曲家。
6 雷納特（Jakob Regnart, 1540-1599），德國作曲家。
7 哈斯勒（Hans Leo Hassler, 1564-1612），德國作曲家。
8 夏因（Johann Hermann Schein, 1586-1630），德國作曲家，「德國三 S」之一。
9 夏德（Samuel Scheidt, 1587-1654），德國作曲家，「德國三 S」之一。

第三節 「德國三 S」之前的德國音樂發展

　　前面提到德國在十七世紀之前並沒有堅實或強烈的自我風格，自然而然會較爲依賴外來風格，尤其是當時音樂文化的先進國家義大利更是輸入來源的大宗。「德國三 S」的貢獻就在於，將外來影響內化到日耳曼的音樂文化之中，與德國固有的厚重沉著，內斂浪漫融合，宗教精神上與路德教派相隨，真正開創出足以自豪的黃金時代。

　　在「德國三 S」之前，義大利對德國的影響已十分明顯，由於義大利是虔誠的天主教國家，但是德國則接受宗教改革的洗禮，雙方在宗教音樂的涵義上，的確存在著不小的出入，然而在樂種上，並無差別。當時（十七世紀初）德國作曲家往往必須爲天主教與新教作曲，如曾與安德烈·加布瑞里學習的哈斯勒，自威尼斯返國之後分別於奧格斯堡、紐倫堡與德勒斯登等地，擔任宮廷或教堂的管風琴師兼作曲家。他創作的天主教拉丁文經文歌，當然屬於威尼斯樂派，但他也創作聖詠曲體裁並以德文作曲，衡諸他本人新教徒的身分，這也不令人意外。值得注意的是，管風琴在德國音樂中的地位，在當時，根本不存在所謂專職作曲家的職位，在德國，宮廷或教會在意的是管風琴師的人選，優秀的音樂家也以職掌知

名教堂的偉大管風琴作品，為一生之成就目標，為教會或宮廷提供宗教音樂作品或是音樂會作品，乃是風琴師的工作之一，其他主要工作內容可能包括演奏，教學，伴隨雇主旅行等等。在成為真正的風琴師之前，音樂家的地位比僕人或侍從高不了多少。簡單而言，為了自我理想的堅持，或是浪漫的認知而作曲的藝術家自覺，在兩三百年前，是不存在的，作曲家並不去面對內在的情感驅力，而是以強烈的職業自覺，規範自己，努力地做好專業工作，在巴哈的時代就是如此，像是舒曼[10]那樣，以文學來描寫內心對音樂的渴望與追求；或是柴可夫斯基[11]，以書信向梅克夫人剖白自己創作動機與感情的情形，絕不曾出現在巴哈甚至海頓的生涯之中。對後人來說，這樣的情況真是不可思議，研究者多麼想透過巴哈的第一手書信，來了解他對自己音樂的看法，他是如何看待複音音樂的未來？可是，並沒有任何蛛絲馬跡，顯露出巴哈自己的藝術思緒。是如何強大的自我要求與職業自覺，才能使他們在音符之外，閉口不再多說，這真是一個深刻的謎題！

　　除了管風琴師的工作之外，管風琴本身的音響質地，就

---

10 舒曼（Robert Schumann, 1810-1856），德國作曲家，浪漫派大將。
11 柴可夫斯基（Peter Ilyitch Tchaikovsky, 1840-1893），俄國後其浪漫派代表作曲家。

足以劃分出義大利與德國的不同；雖然管風琴在每一個歐洲
國家都普遍的被設置，但是管風琴在德國的地位，的確十分
不同。在鍵盤音樂的發展上，風琴在德國的發展也特別突出。
事實上，管風琴具有管樂器的本質，其機械裝置非有極高的
工藝水準不可能完成，更不用說，設置管風琴的建築空間與
音色的關係，是相輔相成的，應該是說，打造管風琴的過程，
就是與建築共同呼吸和律動的過程吧！影響德國管風琴演進
的重要人物，當屬有「德國風琴演奏家之父」尊稱的荷蘭管
風琴家史維林克[12]，他以個人的才華與品味建立了德荷管風
琴樂派。史維林克比舒茲年長約二十歲，同樣有義大利學習
背景，卻能融合義大利、法國與英國文藝復興主要鍵盤樂器
維吉諾琴的鍵盤語法，自創出不同的風格，舉凡德國聖詠曲、
義大利的觸技曲、多聲部賦格以及變奏曲等，都發展出具有
特色的語法，巴洛克早期許多重要德國作曲家，均曾受教於
他；例如普利托留斯[13]，一位深受威尼斯樂派影響卻又從未
親訪義大利的管風琴家兼理論家。普利托留斯主要的貢獻就
是將他理想中的音樂藍圖（義大利式的）付諸實行，不僅是
曲式風格方面，更包括樂隊編制，表演型態等均是他發揮理

---

12 史維林克（Jan Pieterszoon Sweelinck, 1562-1621），荷蘭管風琴家、作
　曲家。
13 普利托留斯（Michael Praetorius, 1571-1621），德國作曲家、理論家。

論的舞台。至於作曲方面，普利托留斯以聖詠爲主體的多聲部合唱出版於 1605 至 1610 年間，十年之後，他又試圖融合威尼斯樂派的器樂伴奏合唱曲，獨唱曲與間奏曲，均包含數字低音的使用。普利托留斯的理想音樂內容均寫在他分三卷出版的《音樂大全》之中，書中詳盡地描寫了威尼斯「新風格」與演出內容。由於他的博學爲人所共知，他曾多次受邀至德國境內多個宮廷，整頓其音樂組織（以義大利爲範本），這樣的工作對於德國的「國際化」與「現代化」的確是一個新契機。總之，在普利托留斯的心目中，當時的威尼斯是音樂的中心（事實也是如此），雖然從未親赴義大利留學或工作見習，他卻能以自己的觀察與思考的成果落實在德國本土。

第四節　夏德的成就

　　另一位曾受教於史維林克的音樂家夏德，是「德國三 S」中對管風琴音樂貢獻最多的作曲家。前面提到十六世紀末德國音樂落後的情形，在管風琴方面也是十分貧乏，缺乏內在作品結構或強有力的的曲式；夏德在管風琴作品上的建樹十分明確地推翻了早先乏善可陳的管風琴作品傳統，爲巴哈鋪陳了輝煌的序曲。夏德的家鄉與韓德爾出身地均爲哈雷市，十七歲就獲聘爲莫里斯教堂管風琴師，巧合的是，此一職位也在百年之後，短暫地由韓德爾擔任過。夏德在二十歲時，或許是出自更高的自我期許，他在 1608 年赴阿姆斯特丹隨名滿歐洲的史維林克學習，豐碩的成果顯而易見，他翻轉了德國管風琴音樂的地位與境界。如今看來，當時的德國主要作曲家具備純熟的義大利風格技巧，根本就是常態，（由於筆者曾演奏過夏德的銅管多重奏作品，因而對他產生十分親切的感覺。學生時代就接觸夏德以威尼斯樂派手法，模仿風格的器樂曲，當時還以爲夏德是義大利作曲家呢！）但是夏德的作品風格，則又揉入史維林克的尼德蘭風格。尤其是管風琴特殊的構造，如風箱的力量，可以維持長音的力度與音色，其他任何一種鍵盤樂器，簡直難以望其項背，音栓的裝置又

可以改變同一組音高的音色。而腳踏板低音群的配置等等，都使得管風琴成為一個獨奏交響樂團。如果僅僅將管風琴當作重複合唱聲部的加強工具或是提供數字低音而已，實在是一種浪費。夏德必定無法再容忍德國風琴音樂貧乏的情況，他由主題與結構下手，開啟了新的一頁。夏德的代表性著作《新風格鍵盤曲》，本身就代表了新的改變與進步，三卷作品各有主要訴求，卷一為經文歌、聖詠或舞曲為主題的展技變奏曲。卷二則以對位法的體裁著重賦格、卡農[14]與模仿風格觸技曲[15]等。卷三的內容更具開創性，以風琴出色的音樂織度，顛覆以往居於弱勢的宗教音樂，如彌撒、聖詠與詩篇等，夏德以出色的踏板技巧配合音栓，巧妙改變音色，大幅提升了德國管風琴演奏和記譜的水準。夏德生於哈雷市，後半生也於此教學與作曲，1654 年逝於哈雷市，一生為德國音樂先驅人物。

---

14 卡農（Canon），以不同聲部先後奏出同一曲調的對位技法。
15 觸技曲（Toccata），速度快且形式自由的展技鍵盤作品。

第五節　夏因的成就

　　萊比錫的聖湯瑪斯大教堂，一直在德國享有崇高的音樂地位，擔任此教堂的樂長任務繁重，不僅要負責教導教堂少年詩班，還有擔綱管風琴演出以及永無止境的新作品需要交差，儘管如此，聖湯瑪斯大教堂樂長還是德國音樂家樂於競爭的職位。1722 年，巴哈結束哥登時期之後，即赴萊比錫擔任此一職位，並終老於此。夏因這位「德國三 S」中作品最豐富，壽命卻最短的作曲家，早於巴哈任期之前一百年，約於 1616 年就任聖湯瑪斯大教堂樂長，年方三十，一直到 1630 年逝世之前均任此一重要職位。縱觀夏因的一生，可謂平步青雲，求學與工作都在萊比錫度過，從未離開過德國境內，卻有掌握各種不同風格的天份，器樂曲作品之豐富，令人驚訝。

　　夏因於 1618 年出版的聖歌集標題爲《新風格作品集》，深怕旁人不了解，他又在首頁下了一段副標題「以義大利現代風格所作」，不用說，此處所指的義大利現代風格，就是十七世紀開始流行的數字低音形式，由威尼斯主要作曲家率先使用於音樂上；如加布瑞里、蒙台威爾第等大師。令人好奇的是，夏因本人從未離開過德國，可是他卻對義大利音樂的

理論與形式十分了解；這一點倒是與他的前輩理論大師普利
托留斯很相似；這再度提醒了我們一個事實：十七世紀早期
威尼斯音樂風格影響德國極深，許多德國音樂家遠赴義大
利，主要是造訪威尼斯，以求親炙義大利進步風格，這樣的
現象導致相關的書籍與理論流行於德國，有心人即使未曾出
國，也能學習到第一手的知識。夏因的少年時期所受的音樂
訓練，來自於參加教堂詩班，青年期則在萊比錫讀法律，他
是少數兼具音樂天份與文學根底的作曲家。此處必須說明的
是，教會詩班並非人人皆可參加（除非嚴重缺乏人手），而是
以嚴格的態度篩選具音樂天份的少年，並提供音樂理論或技
能的訓練，某方面來說，很像今日的音樂院預備班學生。1599
年，夏因十二歲時加入詩班，正逢義大利音樂學派風行之時，
而來比錫又正好是路德教派的大本營，想必夏因在少年時代
就深受啓發。在他接任聖湯瑪斯大教堂樂長一職之後兩年，
所出版的《新音樂風格作品集》就充分揭示他音樂語法中兩
大要素，第一個元素是路德派聖詠曲爲題材基礎；第二個元
素是數字低音的應用。這兩個元素事實上是德國巴洛克最重
要的特徵，路德教派注重儀式與音樂結合以頌揚聖靈的想
法，是聖詠曲的開端。天主教在傳統上採啓應合唱，即主禮
神父先唱念，會眾再回應唱念。卡爾文教派（清教徒）則不

認為音樂是必要的，甚至應當減少音樂的表現，會眾只要沉默，偶而聆聽詩班獻詩即可，路德教派則視音樂為禮讚神的重要途徑，全體會眾同聲高唱聖歌頌主，就是聖詠曲的形成來源。有趣的是，在教堂中，聖詠的旋律是以單旋律方式由會眾齊唱出來的，因為不可能要求會眾精準地演唱多聲部合唱，只有訓練有素的合唱團，才有可能唱出精心編排的多聲部合唱聖詠，而一般大眾在教會禮拜時的齊唱，應該都是單一旋律，而且，如果仔細聆聽這人聲齊唱，會發現這種音響是接近較低沉的男高音音域的，即使群眾中摻雜著兒童、婦女或年長者等不同的音域和音色，但是全部混合在一起之後，聽起來就是以男高音的音域為主體。除非是兒童合唱團或婦女合唱團之外，只要是男女混音齊唱其音響都沒有太大差別。早期聖詠曲即使是四聲部的，也慣於將主旋律放置在男高音上，或許就是因為更能貼近一般教堂的齊唱音色。但是在夏因的時代，四聲部聖詠的主旋律，已改置於女高音聲部，這也反映了巴洛克的高音旋律風格主題風格，在十六世紀末，已經影響德國音樂的事實。

　　夏因在 1618 年出版的《新風格作品集》第一卷，本身就是義大利風格與路德教派聖詠合體的最佳例證，更值得一提的是，他首次使用數字低音這個新穎的形式，卻能運用地

那麼好，除了鍵盤樂器的數字低音部分，也在低音線上，以大提琴、低音管或是長號來加強，這種手法學習自義大利前輩維亞當那[16]的持續低音手法。維亞當那是一位默默耕耘的義大利天主教神父，他率先將管風琴自合唱聲部中抽離出來，自成一格地以持續低音伴奏經文歌，而對之後數字低音的發展作出開創的貢獻；夏因對維亞當那的作品顯然有不少研究。在八年之後，他又出版了《新風格作品集》第二卷，則除了保留持續低音的形式之外，增加了更多創意與變化，加入更多器樂伴奏，減少聖詠曲，增加自創的獨唱段落或是獨唱與合唱的輪替出現等，寫作手法更見成熟。

　　夏因在結合新元素與開創新元素的能力，是他最重要的貢獻，他模仿蒙台威爾第細膩的義大利牧歌曲集，歌詞改以德文聖經章節出現，作曲家本身的文學素養，使作品中洋溢著音樂與情感的共鳴，這也啟發了其後的德國音樂家，以聖詠曲為基礎，創作清唱劇或神劇的風格發展。夏因並未創作神劇作品，但是他以豐富的手法結合本土素材與新風格，為後人鋪下了平坦的道路。

---

16 維亞當那（Lodovico Grossi da Viadana, 1560-1627），義大利神職人員並為作曲家，數字低音風格的開創者之一。

第六節　「德國音樂之父」── 舒茲

　　在「德國三 S」之中，舒茲獨被尊稱爲「德國音樂之父」，但有趣的事實是他停留在國外的時間最長，先後兩次赴威尼斯學習，爲避戰亂又曾赴丹麥首都哥本哈根任職，之後又數次回到此地避難或進行音樂活動。然而，舒茲以他的長壽（他活了八十七歲），戰勝了不安定的現實生活，並以深刻內斂的音樂感動了無數聆聽者。在討論舒茲的影響之前，一定要先了解一下歐洲三十年戰爭的始末[17]。前面提到馬丁·路德的宗教改革，使得德國境內產生了天主教與新教兩股宗教勢力，當時神聖羅馬帝國正在衰弱之中，但仍爲了哈布斯堡王朝的統治利益，聯合西班牙、波蘭與德國境內天主教諸侯邦國，打壓新教。另一方面，法國、丹麥、瑞典、荷蘭及德國境內支持新教的諸侯則共組聯盟，反對哈布斯堡王朝，戰爭耗費三十年（1618 至 1648），前六年，哈布斯堡王朝鎮壓波西米亞新教，獲取政治利益的手段奏效，天主教勢力佔了上風，1625 年，丹麥在英、法、荷聯軍支持下，出兵神聖羅馬帝國，先盛後衰，以失敗告終；1630 年，以瑞典爲主力的聯

---

17 Hindley, Geoffrey .（Editor）《*Larousse Encyclopedia of Music*》·第五章【早期德國三十年戰爭】。

舒茲肖像。(圖 27)

軍，再次向帝國進攻，歷經五年，又遭帝國擊敗。哈布斯堡王朝的勝利，引起法國的戒懼與不滿，法國原本是天主教國家，卻聯合新教聯軍，起兵攻打神聖羅馬帝國，可以看出三十年戰爭的本質，乃是政治利益，宗教改革只是導火線而已。

由 1636 至 1648 年，是一場黑暗的混戰，最後終以荷蘭海軍擊敗西班牙艦隊與法國、瑞典聯軍陸軍獲勝告終，聯軍與哈布斯堡王朝於 1648 年協議停火，簽訂威斯特法里亞合約，大幅削弱神聖羅馬帝國的統治權，也將德國分割爲許多各自獨立的諸侯邦。

不用說，在歐洲三十年戰爭期間，德國是主要戰場，受到的經濟損失也極大；舒茲逃避的戰禍就是指此一國際戰爭，也或許是戰火的洗禮，使得他的音樂內涵極有深度，然而終其一生，舒茲都不是前衛的人物，他的風格始終頗爲保守。此外，歐洲三十年戰爭並未摧毀德國的文化藝術，大概也歸功於原本德國內部即分屬許多分裂的小城邦，絕對性的毀滅並不可能，儘管知識活動受到戰爭的壓抑，但知識份子遷移來往於城邦之間，也可能爲彼此帶來交流與反省的良機；在音樂方面，尤其是宗教音樂方面反而大有進境。的確，長年的混戰局面使得大型樂隊根本無法生存，編制減到最低限度，世俗歌劇在義大利大行其道，德國反而毫無動靜，因

為在德國，戰爭帶來的宗教和政治衝突，歌舞娛樂似乎是遙不可及，宗教性的受難曲和神劇反而發人深省。宗教性的音樂各國皆有，但像德國如此傾力於以音樂的力量歌頌宗教的時代，的確少見。

舒茲的漫長創作生涯，就是以宗教作品為主的，舒茲音樂學習活動，始於十四歲時獲選參加莫里斯伯爵設立的音樂學堂，二十四歲時，又獲得同一位贊助人致贈留學經費，赴威尼斯隨大師喬望尼‧加布瑞里學習，這是他人生的轉捩點，在威尼斯所學習的理論知識，成為舒茲一生音樂創作的主要架構。

加布瑞里逝世於 1612 年，舒茲隨侍在側，此時他已是一位能獨當一面，卓然有成的管風琴師兼作曲家。1613 年，返回贊助人位於卡塞爾的宮廷擔任風琴師，此時年方二十八歲的舒茲，已出版他個人的牧歌集，證明自己有能力處理多聲部的對位手法，以及表達歌詞內容意涵的敏銳度，已臻至上乘的境界。不過，如果舒茲的音樂內涵僅能複製威尼斯樂派的餘暉，或許後世不會稱他為「德國音樂之父」了，之所以願意心悅誠服地推崇舒茲的成就，乃是因為他能走出新的道路，以保守（甚至已落伍）的形式，創作出深刻又真實的德國精神，那種精神並不源自於無憂的歡樂，而是鍛鍊自戰

火的煎熬與宗教的獻身，歐洲三十年戰爭為德國帶來巨大的
破壞，卻也帶來新的契機、新的轉變。

　　1617 年，舒茲前往德勒斯登就任樂長，開始他第一次的
德勒斯登時期。十年之間，舒茲專注於發展以新約聖經詩篇，
福音篇章以及基督受難為內容的受難曲與神劇，由於工作上
的需要（舒茲必須照看教堂音樂與選侯指派的音樂事務），他
甚至完成了一部也許是義大利式的歌劇《達芙尼》，據稱應是
為宮廷王族婚禮而作，可惜原譜散失並未留存下來，但是
1627 年上演的紀錄與劇本，顯示《達芙尼》是德國最早出現
的俗歌劇。不過，毫不令人意外的是，這也是舒茲一生中最
後碰觸此類歌劇作品，他再也不曾譜寫類似作品。他內心最
強烈的驅動力，仍在於結合威尼斯新風格與基督福音完美的
融合。舒茲第一次德勒斯登時期成果斐然，一連串的經文歌
作品逐漸整合，成為融合獨唱、合唱、精巧的配器於一爐的
福音劇，在教堂特定節日上演的宗教描繪劇，沒有布景，也
無須舞台效果，如 1623 年《復活的故事》，已成為德國日後
重要宗教曲目神劇或受難曲的重要範本。

　　1628 年舒茲向薩克森選侯告假一年，再度回到威尼斯，
向接替加布瑞里職位的蒙台威爾第學習。蒙台威爾第此一時
期創作不少作品，只可惜並未留下來，不過以威尼斯成立第

一座民間劇院的時間來看,正是在 1628 年之後的十年之後的事,可以說,舒茲此時造訪威尼斯,大概也是著眼於學習歌劇作品中音樂與戲劇的處理邏輯,雖然缺乏直接的文字證據,可資證實舒茲與蒙台威爾第之間的交流情形,但是舒茲對於新風格的融會貫通,的確在稍後返回德勒斯登所發表的作品中,表現出來,更加大膽地使用各種管弦樂器,音樂中的情感張力也更加深刻。不過此時正是以瑞典為主力的聯軍大舉進攻神聖羅馬帝國的時期,薩克森地區的局勢十分混亂,舒茲自威尼斯返回工作崗位之後,是他的德勒斯登第二時期,受戰爭影響,作品很少,最重要的僅有《第一部神聖交響曲》,足資反映其宗教性內涵與義大利現代風格的結合。1633 年,舒茲前往已停戰近十年的丹麥,一方面為了躲避戰火,另一方面也與克里斯丁宮廷相談甚歡,因此舒茲在哥本哈根停留了兩年,直到 1635 年,瑞典軍敗退,他才再度踏上返鄉之路,此後,直至舒茲辭世,再不曾長期地遠離德勒斯登。這第三時期長達三十七年,是他建立德國音樂本質時期,也是他回歸自身生命本質的追求歷程。在手法上,不再追求摩登的技法,而是以保守而質樸的風格,來表達最深邃的藝術與宗教意涵。1636 年,以加布瑞里的多聲部合唱手法完成的《音樂安魂曲》,據信是最初的德國安魂曲。為小編制室內

樂而作的兩部《小型聖靈協奏曲》，也分別完成於此一時期，曲中樂器除數字低音之外，均有自由替換的彈性，這也顯示出，在戰爭期間難以從事的演奏活動，仍不屈不撓地進行著。《第二部神聖交響曲》提獻給丹麥王子，內容已完全由德文聖經章句代替拉丁文。在歐洲三十年戰爭結束之前，對於戰火蹂躪以只能逆來順受的舒茲，也完成了他最深刻的宗教作品，《十字架上的七言》，此一受難曲風格的作品約完成於1645 年，此時已可極清楚的辨認出完全屬於德國新教思想的語法，至於德國巴洛克音樂已完全無須依賴所謂義大利式的風格或技法，而是在殘破的現實基礎上，無保留的擁抱基督的救恩，在舒茲的音樂中，就可以發現那珍貴的宗教情懷與針對人性的脆弱，所進行的揭露與告發。

　　舒茲六十三歲時，看似無止境的戰爭以合約簽訂告終，神聖羅馬帝國戰敗式微，瑞典興起，法國成為歐洲新盟主，德國則分裂為多個獨立邦城。此一發展更增添德國音樂發展的優勢，因為每一城邦均擁有不同地理與文化上的傳統或優勢，各自獨立發展的同時，又能互相流動觀摩。舒茲生活的時代，就是這麼一個關鍵的時期，一方面，他出生於巴洛克風格發軔之時，生逢其時而能直接參與新風格的演變與確立，另一方面，時代的劇變也是另一個因素。歐洲三十年戰

爭並未拖延地更久，戰爭的結束削弱了哈布斯堡王朝的統治力道，也確立了德國境內多個獨立小邦的局面與新教持續發展的軌道，假設若是戰局逆轉，德國由強力的天主教政治勢力統一掌控的話，音樂的進程必將完全不同。

　　舒茲之所以能搏得「德國音樂之父」的稱號，並不僅僅是因為他生逢其時，更是因為他對於音樂、宗教與生命的多重理解以及始終如一的謹慎態度，而且在他長達八十七年的生命之中，創作力一直未曾中輟，即使七十二歲退休之後，舒茲的創作力依然旺盛，1664 年，亦創作聖誕神劇，將耶穌誕生的聖經章節精確地描寫出來。之後三部依路加福音、約翰福音與馬太福音書所作之數部受難曲，作品內容深刻卻簡明，境界已臻至神學家對神、人與世界的剖白和界定了。最令人讚嘆的是，在大師最後一部作品《德意志榮耀頌》（1671）中，舒茲回顧他最初的創作基礎，以老師加布瑞里在十七世紀初獨步威尼斯的多重聲部回音技法完成，道地的復古之作，作品精神則已是全然洗鍊的德語式語法與思維了[18]。

---

18 張麗昀《舒茲『德文聖母頌歌』樂曲來源、形式及風格研究》。

第七節　德國音樂的進步

　　拜他本人長壽之所賜，舒茲幾乎見證了整個巴哈誕生之前的德國音樂發展，那的確是一個融合義大利、法國甚至英國音樂風格之後，再內化為德國自身語法的時期，則除上述地區之外，尚包括丹麥、荷蘭等皆有很大影響。在「德國三S」之外，亦有多位貢獻良多的音樂家，如佛洛貝爾格[19]，對風琴音樂有開創之功，曾留學義大利羅馬，三十年戰爭期間在維也納宮廷任風琴師，曾造訪英國，人生最後六年，則終老於法國巴黎，如此多采多姿的歷程，使佛洛貝爾格的鍵盤作品融會各地風格，成為德國早期巴洛克最重要的鍵盤作曲家。

　　與佛洛貝爾格同時期的風琴師譚德[20]，是一位早慧又兼具行政能力的音樂家，在音樂上，譚德的風琴作品開創了新的風格，宗教作品的豐富創意，啟發了所有之後的德國作曲家，在行政事務上，譚德在盧比克任教堂風琴師時創辦的「夜間音樂會」，成為市民參與宗教音樂演出的傳統，同時也間接催生了更多神劇與清唱劇作品的創製。

19　佛洛貝爾格（Johann Jacob Froberger, 1616-1667），德國管風琴家、作曲家。
20　譚德（Franz Tunder, 1614-1667），德國作曲家。

譚德的繼任者，著名的風琴音樂家布克斯胡德[21]，他最著名的故事，就是巴哈曾長途跋涉至盧比克觀摩學習，當時巴哈受到「夜間音樂會」以及盧比克濃厚的音樂氣氛所吸引，不惜逾假違規達三個月之久，不捨得離開盧比克，這個事件顯示布克斯胡德在後進心目中的地位，他留傳下來的作品手稿不少，以風琴作品、宗教劇作品為主，但根據當時較完整的文獻紀錄推算，布克斯胡德的作品數目極豐，遠超過實際留存下來作品的數目[22]。實際上，當時的教堂風琴師為禮拜或音樂演出所作的曲目，極少被視為藝術出版品，而是以任務需要而產生的工作成果，即使是作曲家本人或家屬，也未必加以珍視。此外，之前所談到的藝術家自覺，尚未佔據音樂工作者意識之中，也使得他們職業生涯中，一首又一首的作品在誕生之初便未被看待以藝術珍品的地位，而是以禮拜儀式附屬品的角度存在。的確，在各地分散教區中辛勤工作的風琴師們，工作量之大，恐是超出一般現代音樂總監的想像，除了例行的作曲工作之外，指導詩班樂手的訓練工作也十分繁重，再加上親自上陣，演出拿手的風琴音樂（通常是演出自己的作品）以及不定期的旅行邀訪；風琴師職掌的工

---

21 布克斯胡德（Dieteich Buxtehude, 1637-1707），德國管風琴家、作曲家。
22 Bukofzer, Manfred F.《*Music in the Baroque Era：From Monteverdi to Bach*》. 第八章【巴哈之前的音樂家】。

作範圍，其實就是地區音樂總管，除非是另有高就，否則往往終老於斯。

　　帕海貝爾[23]活躍的時期，幾乎與布克斯胡德相同，著名的巴洛克名曲《卡農》即出自他的手筆，帕海貝爾以聖詠為主題的賦格曲、前奏曲或組曲均深深影響巴哈的風格，比帕海貝爾稍晚一些的巴洛克晚期人物中，包括鍵盤大師－聖湯瑪斯大教堂風琴師庫瑙[24]，巴哈就是他的繼任者，庫瑙堪稱是一位具有進步思想的音樂家，作品至今仍受歡迎。另一位值得一提的晚期大師（只比巴哈稍早一步）是以華麗的法國風格充實管風琴作品廣度的風琴家貝姆[25]。

　　當時的小號作品，主要附屬於宗教音樂之上，例如神劇與清唱劇當中，小號的角色就十分吃重。至於，較成熟的小號協奏曲作品，則是巴洛克晚期才出現。

　　在巴洛克時期之前，德國的音樂環境確實是落後於其他重要的歐洲文化大國，或許是與神聖羅馬帝國統治下，鬆散的城邦缺乏豐富的資源挹注與王公貴族的關心扶植有關。但是更奇妙的是，同樣的原因，卻也造就了德國音樂更進步、

---

23 帕海貝爾（Johann Pachelbel, 16543-1706），德國管風琴家、作曲家。
24 庫瑙（Johann Kuhnau, 1660-1722），德國管風琴家、作曲家、理論家。
25 貝姆（Grorg Böhm, 1661-1733）
，德國管風琴家、作曲家。

更深刻、也更能打動人心的特質，這種特質直透人心，訴說
樸質真實的感情，直至今日德國以六千萬人口，卻擁有兩百
個以上大大小小的職業樂團，無論在教堂或音樂廳所舉辦的
音樂會，均座無虛席，是什麼使他們願意將音樂融入生活，
即使付出代價亦樂此不疲？是宗教與音樂的連結？還是戰爭
（古代或近代）所帶來的毀滅總能在音樂中得到救贖呢？當
在聆聽舒茲《十字架上的七言》時，那簡單卻強烈的感情衝
擊，似乎已為所有的問題，提供了明確的解答。

第九章　巴哈的作品與生涯

第一節　巴哈的音樂

衡諸西方音樂史古今音樂家之中，巴哈的音樂作品所展現的數學式的邏輯，音符之間的必然從屬關聯性，以及高度智能運作下的精確，無疑是遠遠超過所有的同行。對筆者而言，他的音樂之中無可比擬的知性與理性，客觀地描述音樂本身的內在力量和方向的能力，堪稱古今第一人。做爲虔誠的路德教派信徒，巴哈不只一次向學生表示，「……正如所有的音樂一般，其目的除了顯明上帝的榮耀和提升精神之外，再無其他。」[1]充分的了解（或認同）巴哈的宗教思想和精神生活，確乎能夠更深入他的作品，尤其巴哈的宗教音樂作品，數量極多，無論是彌撒曲、受難曲、清唱劇乃至經文歌，均令人產生難以言喻的宗教感受，那絕對是　個全然敬愛神、也畏懼神的心靈，所能發出的最純淨的祈禱。但是另一方面，

1 荀伯格；陳琳琳譯《從巴洛克到古典樂派》‧第二章【巴洛克後貌】。

J. S. Bach（1685-1750）巴哈最為人熟知的肖像，此圖繪於大師過世前四年。（圖 28）

奏組曲，以當時的組曲形式為架構所完成的，如大提琴技法聖經的一套作品，他的難度與技法，是任何時代的演奏家或作曲家，仰之彌高的崇山峻嶺。三首無伴奏小提琴奏鳴曲與三首小提琴組曲，以一把小提琴奏出多聲部的結構，艱深又嚴謹的音符，以如迷宮般的巧思鋪陳出來，尋常的小提琴演奏家連上手都不容易，遑論走出此座複雜的宮殿；歷史學家確知巴哈早年，曾任威瑪宮廷小提琴手，但是一生中，應該對各種樂器都能上手演奏，雖然我們無從得知他演奏水準如何；揆諸他的無伴奏弦樂作品深邃的內容，似乎必須假設（甚至確信）巴哈對絃樂器的理解與掌控能力，實際達到大師水準。可是，巴哈有生之年，一向是以管風琴演奏精湛名著於德國，一生各不同時期，均有傑出管風琴作品，例如廣受喜愛的風琴名曲《D 小調觸技曲與賦格》，完成於巴哈二十歲左右；應是為恩斯塔的波尼法斯教堂，新建的管風琴所寫的，巴哈自十八歲起，就獲聘為該教堂風琴師，儘管，巴哈出身音樂世家，但十歲時父母雙亡，實在難以想像，一個未成年的孤兒，是如何得到應有的教育或訓練，可是，巴哈卻做到了，合理的推測應是，兄長的庇護與教導，再加上，他本身刻苦自學方能自食其力，沒料到的是，巴哈原本就異於常人

的音樂才能，如此出類拔萃，只要稍加點撥，或是，他耳濡
目染之後，似乎很快就能心領神會，並且青出於藍。除了精
通弦樂器的語法，又是管風琴巨匠之外，巴哈最鍾愛的鍵盤
樂器，當屬古鋼琴，此樂器以豐富細緻的表現力著稱，巴哈
的四十八首前奏曲與賦格，以及，為教學需要而作的二聲部
與三聲部創意曲，由古鋼琴來彈奏最為理想，不必說，由於，
巴哈對於平均律[2]這個調律系統理論的支持與推動，他又榮膺
十八世紀理論大師的美名；這絕非溢美之詞，巴哈的作品，
使巴洛克進入最完備的巔峰，只研究他一人的音樂，即可充
分掌握之前音樂軌跡的珍貴成果，更驚人的是，可以由巴哈
的作品，推敲出未來的音樂走向。說巴哈的音樂，是巴洛克
的頂點當然正確，但，其實他也應該是古今文明，在音樂上
理性技法的高點。巴哈本人，是否知道自己的驚人天份，無
人知曉，但，那應該是十分可能的，他會為了聆聽心儀的演
奏家現場音樂會，而步行數日前往，他對各種作品的形式和
技巧，從不放過閱讀、試奏或抄寫的機會。巴哈，幾乎是自
學成功的最佳範例；他不但對早期的音樂作品，如數家珍，
對同時代作曲家的動靜，也瞭若指掌，至於，他最感興趣的

2　平均律（Well-tempered），為求鍵盤樂器演奏方便，於十七世紀末倡用
　　的調律方法，又稱十二平均律，即一個八度以內各半音階等距。

義大利當代作品風格，如韋瓦第、阿爾比諾尼及史卡拉第，都曾熟讀，抄寫甚至改編。法國音樂風格，也是巴哈喜愛採用的技法，他熟悉自盧利以降，乃至庫普蘭的法國樂派。據聞，巴哈與庫普蘭曾互相通信，而巴哈謄寫庫普蘭的部分作品，確有其事。總之，巴哈吸收音樂知識的能力，就像影印機一樣精準，不同之處，乃是他又能擷取各家之長，再創新猷。巴哈的大腦，如高位元計算機，隨便給他一個動機，他便可以立即譜出極具創意的對位作品，任何不起眼的旋律，他也能夠賦與它，出奇不意的和聲安排。巴哈作曲，看似並不以旋律優美或動機緊湊，為必要條件，可這又絕不是事實，巴哈，的確可以譜寫出無與倫比的精美旋律，大家熟悉的《G弦之歌》出自第三號管絃樂組曲，《耶穌人類喜悅的泉源》出自清唱劇 BWV147，《心、口與神蹟》，都是傳世的經典旋律。諸如此類的例子，在巴哈的音樂中，雖然未必是俯拾皆是，但也絕不少見。

　　巴哈音樂最大的特質，在於穿透時空，與時俱進，這是因為時代因素使然？還是，由於他個人的天份，所創造的成績？的確是很有趣的問題。從中世紀開始，在嚴格的宗教規範與世俗的娛樂需要之間，逐步發展而來的各種理論、各種樂曲形式，經由無數傑出的音樂巨匠之手，慢慢地找到更多

音律的原理、更多樣的表現手法，這個過程，到了巴洛克時期，正好是一個關鍵的時刻。記譜法方面，可稱的上是相當完備了，純律[3]和平均律的理論，也由衝突走向妥協和分工，和聲和對位的應用理論，已完全成熟；若是說巴哈的成就，是建立在前所未有的沃土上，應不為過。但是，巴哈的成績，卻又將他之前數百年累積的成果，再向前帶領了一步，然而，在他過世之前，早被視為老派的過氣音樂大師，愛樂者紛紛將眼光投射在一種更輕鬆、更簡明的華麗風格上面，隨之而來的古典時期，快速將巴洛克音樂塵封起來。當時並沒有錄音的技巧，正式出版的舊時代作品，即使有也不多，遑論影響力。即使名重一時的巴洛克大師如巴哈，也不免身後寂寥了，幸好巴哈，尚有四位頗有成就的音樂家兒子，對於父親的手稿保存有功，儘管他們均已是新華麗風格的音樂家（除了約翰・克利斯多夫・巴哈[4]之外），但，對於建立父親的名聲與地位，均有貢獻。

---

3 純律（Unequal-Temperament），相對於平均律，便利卻不純粹的音律，尚有許多其他音律系統，試圖呈現更完美的調律方法，純律泛指通用於弦樂、管樂或聲樂上的音律微調概念，為呈現自然而純粹的音響而產生的。

4 約翰・克利斯多夫・巴哈（Johann Christoph Bach, 1732-1795），J. S. Bach 的音樂家兒子之一，有「別克堡的巴哈」稱號，一生服膺老巴哈的傳統思維。

巴哈清唱劇「我已知足」之一頁手稿，音符以強有力且毫
不猶豫的形態出現在稿紙上、典型的巴哈手筆。(圖29)

在十八世紀，專業樂師的工作，就是演奏自己的作品，舉辦音樂會，演奏他人的作品的情形並不多見。教堂或宮廷的樂長職責就是作曲，自是不太可能使用他人作品，不過巴哈的學生杜勒斯，在繼承聖湯瑪士教堂樂長之後，倒是以演奏老師作品爲榮，杜勒斯曾將珍藏的恩師手稿，讓來訪的莫札特過目，莫札特立刻深受感動，曾深入研究，巴哈的對位法並改編巴哈的作品。海頓也在維也納史威登男爵（此人爲巴哈音樂愛好者）的推薦下，也得以熟悉某些巴哈作品如 b 小調彌撒等巨著。貝多芬年幼，即以《十二平均律鋼琴曲集》爲練習教本。另外，早在孟德爾頌[5]大力推廣巴哈音樂之前，就有爲數不少的愛樂人，是以研究與演出巴哈作品爲職志，如再度搬演《馬太受難曲》的風琴家衛斯理[6]，公開演奏巴哈作品的鋼琴家克拉邁[7]等。可以說，巴哈的音樂，始終不乏有識之士的引介與研究，但其真正的地位與價值，則是愈陳愈香，影響範圍也愈來愈廣，這種現象，正反應巴哈音樂的特質。「巴哈」這個字，在德文中是小溪的意思，而貝多芬曾對人說「巴哈不是小溪而是大海」；這句評語，出自於聖樂貝多芬之口，適當地說明了巴哈的歷史地位。

---

5 孟德爾頌（Felix Mendelssohn, 1809-1847），德國浪漫派作曲家。

6 衛斯里（Sam Wesly, 1766-1837），英國管風琴家、作曲家。

7 克拉邁（Jean.Baptiste.Clamei, 1771-1858），法國鋼琴家、作曲家。

巴哈清唱劇《榮耀歸於至高的神》首頁，三部小號輪流
出現，巴哈常用的手法。（譜2）

第二節　少年巴哈

　　根據現有的傳記或檔案紀錄，顯示巴哈，並不是一個容易相處的人物。雖然，一生當中衣食無缺（尤其是十五歲自食其力之後），但他生活方式儉樸，頗為固執己見，身為敬虔的路德派教徒，對於上帝的敬畏在作品中隨處可見，但對於他人與自己的糾紛，則是寸步不讓，據理力爭。

　　在當時的社會，各行各業仍以世襲，為主要就業管道，巴哈家族，本來就是音樂世家，以音樂技能為事業，其家族成員多人，均擔任德國境內各邦的職業音樂家，巴哈的父親也不例外。巴哈出生於 1685 年三月二十一日，是家中么子，排行第八，父親，擔任德東地區艾森那赫市鎮教堂風琴師，巴哈童年，就讀於艾森那赫初級學校的紀錄，仍可查考，成績並不特別突出，但一般認為，老巴哈曾經親自教導年幼巴哈，學習鍵盤與弦樂彈奏，且應該打下不錯的基礎；幼年巴哈九歲就遭逢巨變，母親撒手人寰，更可憐的是，不及一年之後父親也隨之而去，死時才五十歲。

　　迫於形勢，巴哈必須離開艾森那赫，這個成長之地，前往奧德魯夫，投靠長兄約翰‧克利斯多夫‧巴哈[8]，在他十五

---

8 約翰‧克利斯多夫‧巴哈（Johann Christoph Bach, 1671-1721），德國音樂家，J. S. Bach 的長兄。

歲之前，長兄的家是他的庇護所，尤其擔任監護人的克利斯多夫，正是奧德魯夫教堂風琴師，根據紀錄，巴哈在當地學校中的表現，頗爲出色，可惜，其他生活方面的細節，就不得而知了。巴哈的生涯在 1700 年，又有了轉變，在此之前五年之間，雖然由長兄監護與指導，免除了孤苦無依的痛苦，但，畢竟是寄人籬下，無論如何，總是得要試著自力更生，1700 年，巴哈十五歲，時經由長兄的指點，以天賦的音感與紮實的音樂實力，獲得錄取盧思堡聖米歇教堂師班童唱團員，不但，可以學習到許多實用的音樂知識，並且吃住方面也有著落；年輕的巴哈，自此便步上如父執輩一般的職業音樂家道路，儘管巴哈純淨的童音很快就消失了，但顯然，由於他的音樂天份已經十分明顯，教堂決定繼續借重他管風琴與弦樂的長才，這兩年的歷練，對巴哈音樂天份和技術的啓發，是極其重要的，巴哈得益於觀摩盧恩堡聖約翰教堂風琴師貝姆的技藝，並曾以步行方式，前往漢堡欣賞名風琴師萊因肯[9]的演出。沒有任何人督促他如此努力學習，但巴哈卻以驚人的熱情和效率，吸收他週遭的音樂風格和手法，使他在十七歲，就已具備了合格的職業音樂能力，從事音樂工作。在盧恩保的兩年，如學徒般的生涯，讓巴哈更明白自己的天份與音樂的召喚。

---

9 萊因肯（Johann Adam Reinken, 1623-1722），德國管風琴家、作曲家。

第三節　「威瑪時期」之前的作品

在巴哈重要的「威瑪時期」之前，他已有六年的職業經驗，1702年，巴哈以優秀的演奏能力，贏得山格豪森雅各教堂的管風琴師職位，卻又莫名其妙的未獲正式任命，時年十七歲的巴哈爲了生存，竟只能接受次等的安排，前往威瑪的約翰恩斯特宮廷擔任小提琴手，這份工作，幾乎與侍從僕役同一階層，實在委屈了他，幸好一年之後，阿恩斯塔特市的朋尼法斯教堂要爲新落成的管風琴，尋找一位風琴師，主其事者，明智地聘用巴哈爲新任風琴師。由1703年秋天到1707年夏天爲止，他均任職於此。在這一段時期裏，巴哈的作品類型，幾乎以管風琴曲爲主，仍然熱切學習風琴演奏技法和曲式的年輕巴哈，非常不滿意朋尼法斯教堂，對他職務上瑣碎的要求，當時的巴哈尚未成家，沒有家計負擔的他，一心一意只想生吞活剝，所有能企及的音樂知識，教會裏平庸的詩班學生或是刻板的教會當局，在他眼中都是進步的阻礙，1705年，巴哈向教會告假數週，結果卻逾假三個月，才返回阿恩斯塔特市，真相是他步行到盧比克，現場觀摩布克斯胡德的風琴演奏，這是之前提過的，由湯德所創設的「夜間音樂會」系列，精明的巴哈造訪當地的時機，正是音樂活動最

密集的聖誕節與新年之交，想必他一入寶山，絕不致空手而回，面對教會當局的質疑，巴哈以進修觀摩爲由搪塞，居然也獲得接受。然而，他在風琴演奏上一連串實驗性的手法，大膽的和聲轉換，與不諧和音程的引用，是另一遭致批評的原因，可是巴哈當然是不予理會，剛滿二十歲的風琴師，正由熟練邁向偉大，忙於吸收與成長的音樂家，根本不在乎來自於當局的批評，當局則急欲管束這位年輕的天才，彼此之間衝突不斷。

巴哈或許是受天份驅使，又或許是，心知肚明自己不凡的能耐，他立定志向要踏上巔峰，但另一方面，他也精打細算，絕不嘔氣吃虧，如果沒有更佳去處，巴哈並不介意死守一份固定薪水，1707 年，機會降臨，已頗有管風琴演奏家聲譽的巴哈，有機會接下慕豪森市聖布拉休斯教堂風琴師一職。巴哈，接受新職的速度和他辭去舊職的果決，是一致的，時年二十二歲的巴哈，在鍵盤上的技藝堪稱精湛，作品尙無清唱劇或協奏曲的誕生。

巴哈在慕豪森的工作，僅持續了一年，任期如此之短，成就卻很重要。首先，他與表妹瑪莉亞·芭芭拉在 1707 年十月完婚，其次，他開始接受清唱劇的委託，此一形式，自此成爲巴哈最重要的核心作品之一，尤其，是首次有機會運用

合唱團、樂團與持續低音的大編制，使巴哈快速的拓展了自己的音樂深度與語法；不再僅限於風琴與讚美詩，巴哈可以獨當一面，重現他在盧比克，欣賞過的夜間音樂會中，豐富的素材，他譜寫了幾首最早的清唱劇，顯露出（並非第一次）藝術上的不凡天份，不過巴哈，未曾出於本身的藝術衝動而譜寫清唱劇，而是以工作需要為創作目的，例如特殊節日、週日禮拜儀式，或是重要人士的葬禮等等；但這並不妨礙他天才的發揮。巴哈親自譜寫的教會清唱劇，數目龐大，目前可見到約兩百餘首，實際數目又遠多於此。大部分是來比錫時期所作，一小部分，則是在威瑪時期完成，包括慕豪森這一年，就已有如《神的時刻》這樣深入的曲子問世。

　　1708 年，巴哈故技重施，先接受了威瑪恩斯特宮廷風琴師的職位，再向慕豪森當局遞交辭職信，信中指出接受新職務的原因，是為了更好的生活環境與更多發展教會音樂的空間，執事會只得勉予同意。看起來表面的理由是擲地有聲的，事實上真正的原因，恐怕與巴哈對於慕豪森當地的宗教對立無法忍受，使他決定另謀出路。

第四節　威瑪時期

　　由 1708 至 1718 年，是巴哈真正成熟爲德國巴洛克出類拔萃人物的時期，儘管這十年之間的作品，還稱不上是他最出色最有份量的，但毫無疑問，他已是德國最好的音樂家之一。以風琴師身分獲聘的巴哈，在威瑪的職位，始終屈居於老樂長德瑞瑟之下，或許巴哈深信以自己的才華，有朝一日，必能取代德瑞瑟的樂長地位，他順服地工作了五年，期間作品以管風琴爲主，完全沒有機會創作聲樂作品，雇主威廉·恩斯特公爵，是守舊又重視階級倫理的領主，他欣賞巴哈不凡的琴藝，但，並不准許巴哈去做超出職位本分的事務。1714年，巴哈獲得宮廷樂隊首席的職位，距離樂長之職，僅一步之遙，而且，也得到更多的作曲委任工作，由 1714 年到 1717年，巴哈忠實地履行工作合約，每個月完成一首不同的清唱劇（若遇特殊節日或場合另計），估計十年間完成至少四十部作品，現僅存約三十部左右，其中包括多首傑作，除了從未中斷創作的風琴曲，如著名的《C 小調帕撒加里亞舞曲》、《g小調幻想曲與賦格》，以及其它風格，純熟臻至巔峰的大量前奏曲、聖詠變奏曲等，巴洛克風琴音樂曲種，巴哈均以優秀且全能的水準表現出來。

這幅十八世紀版畫描述了數字低音時期一場音樂會，由
大提琴與管風琴組成的和聲骨幹加上管弦樂隊，較少見
的是一位指揮，通常他的工作由風琴師兼任。（圖30）

　　清唱劇持續而不綴的創作，使巴哈更加熟練各種管弦樂器，以及，如何以音樂表達文字或宗教的意象，以現代的觀點來看，任何專業作曲家，均難以想像每個月完成一部清唱劇，持續工作多年的難度，更何況巴哈的工作，尚不止如此而已，然而持平而論，如此大的工作量在當時絕非罕見，如泰雷曼，就擁有比巴哈更龐大得多的作品編號，但若是考量巴哈的作品，質地之精美，則遠遠超過同儕作品。

　　由此時期開始，小號在巴哈的清唱劇作品中，逐漸擔任吃重的角色。然而，巴哈從未如泰雷曼一般，譜寫出小號的獨奏協奏曲，即使在大量器樂曲問世的哥登時期，也是如此。這也說明了，巴哈對小號作品的內涵，是以管風琴的音樂為基礎，而非義大利風格中，以小提琴思維為中心的表現方式。

　　威瑪時期的清唱劇，都集中在後面四年，編制多樣化，除了管風琴之外，低音管（加強持續低音之用）、雙簧管、小號、定音鼓（或大鼓）以及弦樂器，都是配器的選擇而且運用巧妙。巴哈力求表現，終於等到老樂長撒手人寰，雇主恩斯特，卻執意由已故樂長之子，一位平庸的音樂家，接任其父遺缺，此一人事安排，立刻激怒了巴哈，他拒絕再送上新的清唱劇，另一方面積極運用人脈，尋找新雇主，據信與公爵不和的奧古斯都男爵，助了巴哈一臂之力，奧古斯都男爵

夫人，正是哥登領主李奧坡王子親姊，經過一番推薦，巴哈得到了哥登宮廷樂長之職，李奧坡王子一念之間，讓自己的大名永留音樂史冊。

不用多說也知道，巴哈又想來一次金蟬脫殼之計，以另謀高就，他先行將妻小送到哥登安頓下來，再以既成事實，向恩斯特公爵請辭，無奈這回踢到鐵板，公爵不願准辭，巴哈力爭無效，還被憤怒的公爵囚禁起來，這起囚禁樂隊首席的風波，一個月之後才落幕，1717 年巴哈獲釋，狼狽的離開威瑪，赴哥登展開另一階段生活，此時他才三十二歲，雖已有巨匠之名，但也歷經滄桑了。

第五節　哥登時期

以時間方面而言，哥登時期非常的短，前後僅有五年，五年之中，巴哈歷經了愛妻芭芭拉驟逝（1720）的措手不及的傷痛，一年之後又幸運的找到賢慧的繼室，生活中經歷戲劇化改變的巴哈，卻在這五年中，創造了一個無與倫比的器樂曲輝煌的一頁，無伴奏大提琴組曲、小提琴奏鳴曲和組曲、雙小提琴協奏曲、平均律鋼琴曲集及六首布蘭登堡協奏曲；上述僅佔此時期一小部分而已，但已是數百年來，人類音樂理論與形式的寶石，無一不是極品中的極品。

無論怎麼去分析巴哈的天才與統合風格的能力，都不能忘記巴哈，自視為專業樂師，而非獨立創作精神的擁護者的事實，也就是說，他始終是以專業的態度，來完成職業上的任務需求，而絕非，為了自娛或是藝術的目的（非工作所需）而作曲。這聽起來實在奇怪，但是又千真萬確。例如巴哈在哥登時期，幾乎沒有管風琴作品，原因，是他服務於宮廷樂隊而非教堂，風琴已非他職務所需；此外，宗教清唱劇也一首都沒有寫，因為李奧波服膺喀爾文教派，宗教音樂的角色，非常有限，在禮拜儀式中，用不到清唱劇，所以巴哈便不需要創作新的清唱劇，他也果然不去碰類似的作品，直到五年

後，爲了申請萊比錫的新工作，巴哈才創作兩部新的清唱劇，做爲投名帖，這兩部清唱劇，是巴哈離開威瑪之後，第一次再創作的教會清唱劇，其目的並不是藝術動機，而是爲了申請新工作。

爲什麼巴哈如此現實的看待自己的音樂工作，卻又能在他音樂中找到一切的真誠、美感與極好的結構邏輯，而非僅是搪塞之作？筆者認爲，也許巴哈的成長背景，使他產生雙重性格，自幼便只能一切靠自己的人，對生活中的事物，抓得很緊，因爲缺乏安全感之故，凡事都要得到好處或保障才甘心，但另一方面，音樂，又是唯一與死去雙親的聯繫，唯一能進入私密禁地的鑰匙，所以在工作上的表現，表面上看起來，是工於計算的保守樂師，其實正好相反，筆下的音樂中，呈現的是既強烈又源源不絕的內在情感。巴哈並不將音樂的創作，解釋爲自己的不凡天才，至少在一生中與人來往的書信中，從未提及此事，倒是大量的提及，對神的榮耀與敬畏，可以說，這強大的宗教內驅力，是巴哈（至少是他唯一承認的）音樂創作的動力。然而，實情應該不僅僅是如此，巴哈，捨棄威瑪恩斯特宮廷，宗教清唱劇，固定而受重視的環境，轉而投入，禁止教會形式音樂的哥登宮廷，就是明白的例子，他不願意接受雇主鄉愿的人事安排，更不願委屈自

己的音樂才華，居於平庸樂隊長之下，又或者是，李奧坡給付的薪津高出許多（約比威瑪宮廷多出一倍），上述的理由可能皆為真實，值得注意的是，哥登時期是巴哈最愉快的一段時間，雖然為期頗短，但確實，是他能自主，又獨立地創作器樂曲的一段時光，雇主李奧坡王子，是器樂愛好者，對於大鍵琴與弦樂器頗有心得，巴哈得以進一步揮灑他對器樂的掌握能力，進入純粹音樂的領域，哥登時期完成的作品，不可思議地融合了義大利、法國、英國等不同的風格，如管絃樂組曲中的慢板法國序曲，數量極多的快慢快三樂章義大利式協奏曲，或是為鍵盤而作的法國組曲與英國組曲；無論何種形式，巴哈都樂於嘗試。

　巴洛克晚期風格當中，最輝煌的小號技法，在巴哈的哥登時期已臻於成熟。無論在技巧、音域與樂句的處理上，都已展現出巴哈對小號音色淋漓盡致的理解。然而，小號協奏曲在哥登時期仍然缺席了。雖然有《布蘭登堡協奏曲》如此崇高的作品存在，但巴哈始終未曾將他心目中，最優美的小號語法譜寫成獨奏協奏曲。

　當然，巴哈始終未曾「創造」或「革新」出任何形式，他只是以驚人的學習效率和最高境界，呈現出他所知的一切形式（稍後的華麗風格除外）。1720 年，巴哈愉快的生活發

生了鉅變，妻子芭芭拉突然臥病不起，使得正隨同雇主出差旅行在外的男主人，措手不及，一返家門，就面對這慘痛的結果，巴哈的感受可想而知。喪妻的巴哈，或許考慮離開傷心地，曾試圖應徵漢堡雅各教堂的風琴師職缺，卻又在錄取後放棄赴任，重返哥登，此一舉動實令人費解，尤其並無任何書信文字，足以顯露出巴哈在此一時期的真實感受。巴哈與芭芭拉共育有七個孩子，但真正存活茁壯的有四個人（這樣的夭折率在當時應是常態），1721 年，巴哈就為孩子找到了繼母，同時身兼音樂助手的第二任夫人安娜·瑪格達蓮娜·烏爾肯[10]女士，音樂史上著名的巴哈手稿中，安娜·瑪格達蓮娜的手抄本以酷似其夫君手筆而聞名，她比巴哈年輕十六歲，近三十年平靜的婚姻生活，又為巴哈帶來十三個孩子。

---

10 安娜·瑪格達蓮娜·烏爾肯（Anna Magdalena Wülcken, 1701-1759） J. S. Bach 第二任妻子，以巴哈手稿抄寫員身份著稱。

第六節　萊比錫時期

　　如今我們知道，巴哈，或許是一位極重視子女教育的家長，不但親自教導子女，甚至爲孩子譜寫鍵盤練習曲目，因此筆者合理推測，巴哈因是爲了孩子的教育問題而選擇萊比錫的工作[11]；畢竟，哥登宮廷的待遇不錯，工作份量也不重，巴哈並無強烈的動機執意離開哥登；不過另有一說是，李奧坡王子於 1721 年完婚（與巴哈再婚同一年）之後，深受新婚夫人影響，而降低了對音樂活動的關注，這一點，使得巴哈無法忍受，而萌生去意，但這一點，也難獲充分證據支持。對照哥登與萊比錫兩地規定的工作內容，實在是完全不同的音樂範疇，基本上，巴哈在萊比錫的工作，除了作曲供城內四座教堂使用外，尚包括訓練詩班學員，招募樂手與訓練樂隊，更不要提，其份內繁重的行政事務；巴哈在赴任前，不可能不明白，即將面對的工作壓力，但他仍選擇離開哥登，除上述的可能論點之外，是萊比錫濃厚的新教氣氛，令巴哈深深嚮往，哥登時期，極少譜寫教會音樂的巴哈，又將重回他深信不疑的宗教環境。這應也是　個重要的原因吧！巴哈

---

11 Bukofzer, Manfred F.《*Music in the Baroque Era：From Monteverdi to Bach*》.第九章【巴哈生涯與作品】。

生涯中，最後也最長久的創作時期，就是萊比錫時期，一開始得到這份工作時，也並非一帆風順，要不是漢堡的大師泰雷曼捨不得離開原工作，巴哈根本沒有機會，更何況泰雷曼也不是唯一的候選人，但是巴哈終究以實力獲得任命，1723年，巴哈正式走馬上任萊比錫教堂音樂指導與音樂學院院長，開始另一個新階段。

在萊比錫時期中，巴哈與當局依然大小紛爭不斷，因而不只一次萌生去意，但是萊比錫教會音樂指導的職務，終究成為巴哈人生最後二十七年的落腳處，巴哈的音樂藝術真正的價值，並未被當代充分了解，事實上，他的音樂偉大之處，廣泛地被了解與欣賞，還遠在百年之後，同時代的人，僅視巴哈為技藝不凡的風琴師，與老式風格的傳統人物，此一現象，在十八世紀上半葉愈發明顯，巴洛克音樂中的矯飾與繁複，已逐漸失去光彩，人們的注意力轉向另一種更簡單、旋律化，又易於欣賞與記憶的音樂風格，巴哈的晚年，就活在這時代交替的尷尬局面，儘管他是巴洛克時期，集大成的巨匠，也阻止不了，自己逐漸成為過氣人物的事實。再加上巴哈，原本就不是什麼善與之輩，任何細微的小事，只要是牴觸了他的權益或價值觀，他必定都要周旋到底，儘管紀錄顯示，大多數的爭執，均大致順著巴哈的堅持而落幕，但當局

與他不睦，是長期存在的。假使巴哈，不曾擁有萊比錫二十七年的音樂成績，光憑之前的成就，他也足以榮登大師之列，但我們的確會失去聆賞《馬太受難曲》、《b 小調彌撒》、《郭德堡變奏曲》或是《賦格的藝術》的機會，更不要說那一百二十餘部清唱劇了。

在巴哈一生當中，完成的作品，包羅了所有的當代形式，唯獨缺少歌劇一門藝術，這一點，便與韓德爾大相逕庭，不過這也不難理解，巴哈的工作範疇，並沒有歌劇的舞台，而在當時（現代亦然），歌劇顯然是高度商業化的藝術，這對自奉為音樂公務員的巴哈而言，似乎是太複雜了，且恐怕也非他能應付得了的，但是，歌劇在其他地區的發展並未停頓，優美而膚淺的詠嘆調，終究席捲了全歐樂壇，十八世紀古典時期的發展，和巴哈的關係不大，反而與義大利歌劇，或是史卡拉第[12]創新的鍵盤奏鳴曲，密不可分。巴哈在晚年，必定十分明瞭，新時代已然來臨，他的音樂技藝，已非新時代關注的目標。事實上，在音樂史上，也不曾再發展出超越巴哈技法的風格結構。就純音樂而言，巴哈與其前輩的傳承，已達到顛峰，古典時期的音樂內涵，基本上是與巴洛克時期，背道而馳的，巴哈知之甚詳。在他一生當中，第一次非出於

---

12 史卡拉第（Domenico Scarlatti, 1685-1757），義大利作曲家，尤以鍵盤奏鳴曲著稱，其父為 A. Scarlatti。

謀職，服事需要或教學的目的，而創作的曲子《賦格的藝術》，正是他最後一部作品，以驚人的創造力，無可比擬的超高技巧，探討了作曲中最艱深的對位難題，當時巴哈的視力，已幾乎半盲，健康情況不佳，最後一首賦格僅有殘篇，並未完成，許多後代作曲家，試圖補充完成它都無法成功。至於巴哈本人，為何在 1747 年開始譜寫《賦格的藝術》，而又未在之後三年中完成全曲，仍是一個待解的謎。或許，他深知此曲，乃生涯最後作品而不忍完成，又或許是，刻意留待後人探索他留下來的謎題，總之，《賦格的藝術》，確實展現了巴哈畢生音樂神髓，更也許是巴哈首度，也是最終的宣告，向世人宣告，他從不輕易示人的藝術家情懷。

巴哈在萊比錫，最後一次公開演出，是 1749 年夏天指揮清唱劇的演出，此後他的健康江河日下，再也無力執行職務，萊比錫當局，儘管仍然保留巴哈的職位，但卻也迫不及待地尋找替代人選，經過一年的起伏與煎熬，巴哈逝世於 1750 年七月二十八日。

1850 年「巴哈音樂協會」正式成立，大家意識到巴哈音樂，深邃而廣大的影響力，蒐集他仍留存的作品約一千首，出版全集，這在巴哈有生之年，絕對是想像不到的事，現今大部分學者遵從的 BWV 編目，Bach-Werke-Verzeichnis 的縮稱，乃是以曲種為順序，而非以創作年代為順序。

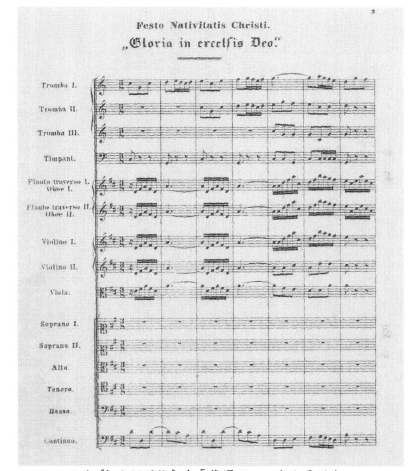

巴哈《b小調彌撒》中「榮耀頌 —— 與聖靈同在」
中之一頁，可見第一部小號以獨奏之姿吹奏出光
彩的樂句。(譜3)

第十章　巴哈音樂中的小號演奏風格

在探討巴哈音樂中「小號」這個銅管樂器的演奏風格之時，自然而然地就能發現巴洛克時期每一位代表性大師的音樂技法，巴哈毫不遲疑地使用了前輩優秀的手法，但也放進了不少他自身的特色，而其結果，則是前所未有的艱深和輝煌，不同於普賽爾、韋瓦第或泰雷曼，巴哈從未單獨爲小號創製協奏曲，但是一提起巴哈的聖誕清唱劇、b 小調彌撒或是布蘭登堡協奏曲第二號，立刻就讓愛樂者聯想到巴哈樂曲中高超的小號音樂。歸納巴哈的作品中小號演奏風格有如下幾個特色：

一、宗教象徵意義。

二、特殊的節奏性。

三、超高的旋律音域。

四、三聲部的運用。

五、即興技法的可能性。

Gottfried Reiche（1667-1734）
萊赫是巴哈在萊比錫時期最倚重的小號手，注意他手上的小
號是捲曲自然小號（Coiled Trumpet），另一手則握著密密麻
麻的小號超技曲譜，似乎是故意要說明他的能耐。（圖 31）

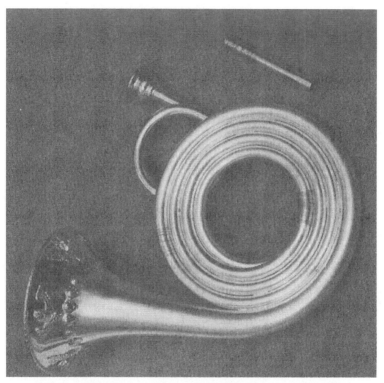

現在工匠仿照十八世紀捲曲小號的型制打造的複製品，證實演奏巴哈的音樂極為困難。（圖 32）

第一節　宗教象徵意義

小號在聖經中多次被提及，由天使吹響的號聲喚起死者，接受最後的審判，當天使傳揚基督降世的信息時，也吹奏起號角。小號被賦予非常特殊神學意涵的歷史，可說十分久遠，不獨然舊約聖經中提及的角色與地位，號角的神秘色彩原就普遍地存在於不同的人類社群宗教儀式中，藉著樂器宏大明亮或悠揚綿長的聲音，傳送特定信息。

在基督教世界裏，小號的聲響被賦予多重的宗教涵意。首先，它代表神的再臨與審判。其次，它象徵彌賽亞帶來的救贖。最後，它歌頌神的權柄與榮耀。

舊約聖經中，主要是宣示神與人的從屬關係，造物的神與受造物之間的約，都透過神的話語和先知依神諭所做的預言來成就。在舊約中，神的律法是闡明的中心思想，章節中使用到號角的場景，以莊嚴的、敬畏的與崇高的意象為主。

新約聖經中所欲闡明的核心是神對人的愛，透過耶穌基督的降臨、受難、復活與再臨來拯救干犯律法的人類。人子的降臨象徵神的救恩，透過天使的號角和歡唱，來傳揚大好消息，此處要表達的是歡樂與盼望，而基督受難的章節，象徵救世主為犯罪的人類背負十字架，並且捨身於十字架的救

贖。這不可思議的救恩始終是西方教會音樂中的核心，為此甚至產生了單獨的曲式「受難曲」以彰顯此一非比尋常的救恩。基督受難的事蹟以沉重、深刻又發人省思的音樂表達出來，在路德教派的宗教音樂上，有極重要的地位。

相對於基督受難的沉重，復活帶來真正的盼望；如果耶穌基督未曾從死裏復活，那麼救贖就與人類無關了，在教會音樂中，以交織綿延的動機來宣示復活與盼望的信息，而那對神的公義與恩典的謳歌，正與神的再臨合而為一。

自馬丁·路德宗教改革以來，教會的音樂在新教地區，就以路德教義為軸心，小號擔任的角色，經常出現在歡慶基督降臨的榮耀頌作品中，也較常出現在頌讚基督復活的光輝音樂裏，巴哈的配器手法，也採用了此一深具宗教象徵意義的傳統。

巴哈同時期的作曲家韓德爾，無論在宗教音樂或非宗教音樂兩個領域中，均十分善用銅管的特色。1740 年之後，韓德爾放棄已失去魅力的巴洛克歌劇，轉而投入神劇的製作，小號扮演著宣示象徵的角色，明亮的小號昭示著基督在人世掌權。

宗教音樂無疑是巴哈音樂生涯的重心，但他也留存有為數不少的器樂曲與二十幾首世俗清唱劇，包括著名的《咖啡

清唱劇》、《結婚清唱劇》與《農民清唱劇》等,他從未將教會作品改編為世俗音樂,但的確曾將已完成的世俗作品改編為教會作品。其實,兩者儘管用途不同,但音樂的結構倒是差異極小的。而這極小的差異也包括小號的配器方式,在世俗音樂中,小號的使用很節制且簡單許多,不似在教會音樂裡,巴哈將小號最精美超俗的表現,保留給榮耀上帝的時刻,如他在《聖母榮耀頌》中持續而華麗的小號獨奏,在《b 小調彌撒》中令人喘息不過來、高入雲霄的號音;又或是他最後一部神劇作品《聖誕神劇》,在以六部連篇神劇一氣呵成的音樂中,小號的份量已重到幾乎無法承受,幸好今日已少有教會或樂團規劃全本的《聖誕神劇》演出,否則一到聖誕節,小號手就要戰戰兢兢地全力預備了。這些音樂難度極高,使人確信在巴哈的同事之中,絕對不乏小號高手,但巴哈本人並未提及此事,他只是以理所當然的態度,持續地將輝煌的小號音樂放在教會音樂中,反映了巴哈的宗教情懷。

第二節 特殊的節奏性

　　節奏的力量一直是巴哈音樂中最重要的特色之一，象徵著巴哈傳承的數字低音時代不停歇的底層驅動力，也表現出自文藝復興以來，發展到最高峰的對位技法，更重要的是作曲家本人的強烈個性使然，一種不厭其煩、堅持到底的個性特色，可以輕易地在巴哈的音樂中找到。與他同時代或稍早的優秀作曲家中，鮮少有人能在節奏的力量表現上，超過巴哈。例如韋瓦第擅用快速的音階與顫音，來表現某些音樂中的迫切感，但在節奏的層次和複雜度方面，完全不能與巴哈相提並論。韓德爾作曲的純熟和靈感絕不在任何人之下，但他的作品在節奏方面，崇尚平衡適當的安排，悅耳且恰到好處的提示樂曲的走向，巴哈卻不是如此，作品中的織度層層疊疊，旋律之上又有反旋律，節奏之下又有相對應的切分節奏，各有堅持又殊途同歸，常常使人以為他在一首曲子裏暗藏了三、四首不同的曲子，這種複雜的多聲部音樂在巴哈之前一百五十年已達到很高的境界，但是巴哈擁有更優越的條件，以創造更有秩序也更有邏輯（而非更複雜）的複音音樂，主因是數字低音技法與他無與倫比的節奏感。

　　數字低音穩固的底層結構，使演奏者可以充分發揮即興

式的流動節奏音型，巴哈正好可以發揮所長。巴哈是同時代中最出色的管風琴即興演奏家，他技壓同儕的理由，也在於不凡的節奏感。巴哈音樂中的節奏性格，絕非徒具華麗外在的拼湊之作，而是能夠經得起仔細推敲品味的緊湊結構，那是一種十足理性與知性的產物，就如之前提過的觀點，一個數學和音樂結合的奇蹟。

巴哈逝世二十年後出生的貝多芬，史上最強有力的音樂巨人，同樣具有即興鋼琴演奏家的美名，他的作品同樣具有無以名狀的節奏感驅動力，只不過不同於巴哈綿密而具說服力的風格，貝多芬的節奏力量是以訴諸強烈感情的方式征服聽眾。

巴哈在使用小號配器時，遵循著幾個節奏的特性，以發揮他心目中小號音色的長處。第一個特性是法國序曲中附點音符的演奏法，並不遵循法國式附附點的長度安排，而慣常以平穩且長度較長的方式來演奏，如巴哈的第三管絃樂組曲就是一例，這種用法一直到海頓與莫札特時都是如此，德國式的慢板序奏並不將短音視為裝飾音，而是旋律的必要部分，產生一種較為持續又沉重的感覺。而當小號明亮的音色加入時，就會融合出更有份量的輝煌效果。

巴哈的管弦樂組曲第三號，由總譜中可以清楚見到巴哈
慣用的三部小號織度，注意第三部 Principale 的演奏法，
極近似於古典時期交響曲中小號的地位；而第一部和第
二部則是巴洛克獨特的 Clarino 演奏法，尤其是第一部小
號要求最高。（譜 4）

　　巴哈在使用小號配器時，遵循著幾個節奏的特性，以發揮他心目中小號音色的長處。第一個特性是法國序曲中附點音符的演奏法，並不遵循法國式附附點的長度安排，而慣常以平穩且長度較長的方式來演奏，如巴哈的第三管絃樂組曲就是一例，這種用法一直到海頓與莫札特時都是如此，德國式的慢板序奏並不將短音視爲裝飾音，而是旋律的必要部分，產生一種較爲持續又沉重的感覺。而當小號明亮的音色加入時，就會融合出更有份量的輝煌效果。

　　第二個巴哈慣用的節奏型態，是以後半拍加入演奏的配器法，正拍往往是管風琴或鼓之類的低音樂器，小號或木管則在後半拍加入，創造一種離開拍子的動態。這個手法雖然極爲常見，但對巴哈而言，似乎更爲明顯；由於正拍的落點和重量均由起拍（預備拍）決定，後起拍子是巴哈最注重的手法。

在巴洛克輝煌的小號演奏歷史中，儘管許多作曲家都
為小號譜寫傑出作品，但論及超技的發揮，巴哈絕對
是最大膽的一位。譜例所示為布蘭登堡協奏曲第二號
第三樂章開頭著名的小號協奏，注意在賦格中，雙簧
管的主題還比小號低了四度，這種配器法對任何其他
時代而言，都是不可思議的。（譜5）

　　最後一點是持續而華麗的模進樂句，當巴哈將小號視爲旋律樂器使用時，他是毫不客氣地將長篇的樂句交給小號來演奏，就如同他採用義大利式協奏曲中弦樂的華彩樂句，令人摒息的模進樂句，以相同的節奏進行，創造出期待感，另一方面也在終止式前創造緊迫感。許多最艱難的樂段都有這種快速又華麗的節奏手法，逼得小號手要使出全力，以最大肺活量與快速的舌頭技巧才能應付得來。如第二號布蘭登堡協奏曲或聖誕神劇都是如此。

巴哈著名的布蘭登堡協奏曲第二號，此處為第一樂章開頭，注意小號獨奏部分乃是為 F 調自然小號而寫，實際音高是記譜音高上方四度，曲中許多片段小號的音域均高於雙簧管與長笛（或直笛）的音域。另一項困難之處是小號的音量必須在單薄的配器上求取平衡。（譜6）

第三節　超高的小號音域

　　基本上巴哈在配器上將小號定位爲三種角色，點綴節奏的配角、加添整體色彩的配角，以及自成一格的主角。而上述三種角色都有一種共通點，那就是演奏起來，都極爲困難。巴哈在哥登時期爲布蘭登堡領主創作了六首協奏曲，曲式上採用他得自義大利風格協奏曲的靈感，快慢快交替出現的明快曲式，使這些分別強調不同樂器組合的協奏曲大受歡迎。基本上，布蘭登堡協奏曲屬於大協奏曲的類型，數字低音與兩組以上的獨奏或重奏樂器群互相競奏，但是其中也安排了很多獨奏協奏曲的元素，其中的靈感與創意層出不窮，令人百聽不厭。此作品完成於巴哈再娶安娜爲繼室之後，由於安娜的父親是宮廷小號手，地位不低，巴哈是否受岳父影響，而更關注小號的技法，是一個謎，並沒有相關的文字紀錄以資證明。但是自再婚之後，作品中迭現超技小號片段，則是事實。布蘭登堡協奏曲第二號第三樂章當中跳躍的的快速音群，早是令人耳熟能詳的經典片段，其實行家都知道，其第一樂章小號部分的難度，猶在第三樂章之上。同時期作曲家不乏小號音樂的專家，如韓德爾的《皇家煙火組曲》、韋瓦第的《雙小號協奏曲》或是泰雷曼的小號協奏曲，均有相當的

難度，但巴哈的小號語法卻是難上加難，令人望之卻步，主要原因有三個：超高音奏法、持續力的挑戰，以及平衡的困難。

自哥登時期後期，巴哈採用的小號技法就越來越難，音域直上雲霄，巴洛克作曲家慣用的高音極限 d''' 音已是常態之外，更常常奏到 e''' 甚至 f#''' 音，如布蘭登堡協奏曲或是 b 小調彌撒中，都可見到。但是超高的音域絕非巴哈小號寫作中唯一的困難之處，他動輒以連續性的長篇大論，表現小號一波一波的旋律，使樂手面臨耐力問題；也就是說，小號手得面臨超高音的壓力，又要面對耐力的考驗，使得演奏難上加難。

然而上述兩點尚不複雜，巴哈在配器上的平衡感，是另一障礙。審視任何一首巴哈的作品總譜，都可以輕易地發現他的配器是極為脆弱的，以現今的眼光來看，小號的音量如何與六把弦樂、雙簧管和直笛平衡？演唱巴哈的清唱劇時，人數不超過二十人的詩班，如何與三把小號的聲音平衡？

現代音樂家大都主張擴大巴哈總譜上的編制以解決聲部平衡的問題，可是那未必符合巴哈心中的考量。若回到兩百五十年前的聖湯瑪斯教堂，一切應當是可行的，精明如巴哈，應不致會創作無法演奏的作品。一切的證據指向一個可

能的事實，當時的小號在室內演奏時，音量很小，小到可以和人數不多的詩班或其他樂器和諧共存。如果這是事實，那小號手便需有能力以細緻柔和的聲音，吹奏那些超高音以維持平衡，當中的困難又將倍增；如果我們認定當巴哈演奏自己的作品時，聲部平衡是存在的話，就必須承認，其中小號演奏的風格是極輕、極高又極富歌唱性的，這一切當然也是很不容易做到的。

第四節　三聲部的運用

今日大多數的配器手法，都是以十九世紀的技法為藍本，不同的地域國家發展出不同的特色，但是在所謂的自由調性或無調性的音樂被提倡之前，音樂的曲式與結構基本上均承襲古典時期那短短五十年之間建立的基礎而來，也就是說，古典與浪漫派是一脈相傳的；當然在織度，主題的選擇以及格式上有著不同，然而其中相關的脈絡是很明顯的。

古典時期的配器法以兩管編制的格式規範出成雙成對的音響織度，到了浪漫時期許多作曲家加倍其編制到四管，但其配器理念還是以成對的音響概念為本。譬如白遼士的《幻想交響曲》發表於貝多芬辭世之後僅六年之近，曲中使用一對小號與一對短號（活塞式）共四支，儘管音色豐富了些，層次也更複雜，可是其概念，仍是以兩管為根本。

當管樂器以兩聲部出現在樂團之中時，產生許多正面的效應，音色會以更立體的厚度被聽見，兩聲部也可以豐富整體的織度，最重要的是和諧與均勻的聲部平衡感，那是古典時期音樂風格的要素。

同樣在巴哈管弦樂組曲第三號的基格舞曲樂章中，
也可以清楚看到第一部和第二部小號的二重奏，至
於第三部 Principale 小號聲部，則以主和弦的幾個音
為範圍，與定音鼓構成骨幹。（譜7）

　　事實上，當作曲家在管弦樂作品中，安排管樂獨奏聲部時，就要面臨嚴重的失衡問題，譬如蕭邦[1]的《第一號 e 小調鋼琴協奏曲》安排了兩支小號與一支長號，這獨奏長號聽起來既突出又不協調，被認為是配器上不明智的選擇。華格納在《齊格飛牧歌》中配了獨奏小號，由於他的目的就是突出且宣示性的配器角色，倒還不致遭到惡評。但是，有趣的是，作曲家可以輕易地在樂團音響中，隱藏兩支小號，可是卻怎樣也無法遮蓋單獨一支小號的穿透力，其中的道理，就在兩聲部的和諧感可以融入背景音樂的緣故。

　　然而，巴哈在使用小號這樣樂器時，思維的方式是三聲部的織度，這個手法來自於文藝復興晚期的風格，尤其是威尼斯樂派的多重合奏曲，數群詩班與樂手各據一方，彼此輪唱或對抗。此時，和聲式的織度並非主要考量，對位式的結構才是重點，因此，三聲部的編制就是建立在這種對位風格上的需求。選擇三聲部配置絕非巧合，在音樂上，「三」這個數字有著多重的意義，例如大三和弦、小三和弦這些最基本的和聲架構，都必須建立在三個音上，此外，音樂中重要的模仿風格、模進這些技巧，往往也以三次為界限，少於三次

1　蕭邦（Fredric Francois Chopin, 1810-1849），波蘭鋼琴家、作曲家，有「鋼琴詩人」之稱。

則張力不足，多於三次又太過冗長鬆散。

　　古典時期小號的配置成對出現，是因為小號基本上並不被視為旋律樂器的一員。可是巴哈的邏輯完全不同，他的小號運用手法，基本上就是以旋律樂器的角色出發的，在樂曲中的地位殊不相同。如果將任何一首古典時期管絃樂作品中的小號聲部獨立抽出來視奏，恐怕是乏味的可怕，它們只能與全體合奏一起出現，才會產生某種效果（即使是關鍵的效果）。但是巴哈的小號音樂就大不相同，巴哈會毫不客氣的開闢一個空間，全然交給小號去發揮，而通常，是指三支小號的團隊合作。

　　三個小號聲部的運用法則變化頗多，但基本的分工原則是很明確的。「主要聲部」（Principale）是第三部，也是最低音域的聲部，不要誤解為第三部只奏低音，有時它也會被安排奏至頗高的音域。但主要聲部的任務，是維持聲部的節奏和和聲架構，它並不負責奏出旋律，而是以和弦主屬音為範圍點出重點，因此而被稱為主要聲部。從許多角度來看，主要聲部與古典時期小號配置手法，都很相近。

　　「旋律聲部」（Clarino）有兩部，較高的聲部是第一部，次高的則是第二部，第一旋律聲部並不負責任何「Principale」的工作，它只負責最高超、也最艱深的旋律部分；而第二旋

律聲部則介於兩者之間，偶爾加入第一部的華麗樂句充當副旋律，其餘時間則協助「Principale」，加強節奏與和聲的力量。

　　小號除了在《布蘭登堡協奏曲》第二號中，以獨奏角色出現之外，幾乎所有其他的作品，都以三聲部出現。在《聖誕神劇》序奏中，三部小號以卡農的手法，輪唱出壯麗的號角聲，此時三部小號各自獨立，創造出回音的效果。《聖母頌歌》中，「主要聲部」獨立為一個沉穩的基礎，兩個旋律聲部則交叉競奏，簡直就像迷你版的三重奏鳴曲。而曲終，三聲部小號齊奏主和弦，又是無比的雄壯。巴哈的小號運用手法，以三聲部的架構來呈現他的音樂，可說是最精簡也最有效率的手法了。

第五節　即興技法的可能性

　　巴哈本人具有高明的即興彈奏能力，但是他的音樂作品是否有即興的空間呢？這一點似乎難有定論，但是唯一可以確定的是，巴哈手抄本上簡化的記譜（有時幾乎只是如速記一般的草稿）絕不是正式演出的版本。從巴哈學生在抄本上自己加上的記號，可以得到有力的線索，演奏同一首曲子的方式，並非一成不變的，裝飾音、迴音或顫音這許多細部的節奏都不是千篇一律的，而是富有變化的。

　　有許多音樂學者曾提出一個有趣的觀察，巴洛克風格與現在爵士音樂有著驚人的相似性；無論在組合方式、記譜方式與即興空間方面，都存在著有趣的關聯。儘管在重現巴洛克當時的演奏實況方面，幾乎是不可能的任務，但是在流傳至今的書信、宣傳海報或傳記之中，仍然可以得知當時的音樂家享有很大的自由空間，無論在裝飾音或華彩樂句上，都十分有彈性，不過，巴哈的教會音樂是否仍有這份自由，的確很有疑問。由於巴洛克歌劇中，賦予歌手（與樂手）很大的即興空間，而巴哈從未創作歌劇，其宗教清唱劇中也儘量抽離世俗歌劇的元素，因此，相對而言，宗教性作品應當是嚴謹得多，絕不至於如世俗歌劇一般，以冗長而華麗的即興

爲樂。但是巴哈的器樂曲，尤其是鍵盤作品，就充滿了即興的可能性。巴哈本人甚至曾不厭其煩地在某些特定作品中加上自己的即興樂段，顯然是在告訴他的學生，「這一段也可以那樣演奏」；有學者認爲，這或許意味，巴哈容許更多其他的作品，以即興手法呈現出來，甚至可能有同一首曲子每次演出時表現手法，均不相同的情形；問題在於這種文藝復興時期流行的即興變奏技法在巴哈的非鍵盤音樂中，是否也存在呢？

認爲巴哈的器樂曲缺少即興空間的證據，是作品中的織度太密，認爲巴哈或許已考慮到動機應有的發展和模仿性的織度，即興在此已失去其必要性。但那些相信即興樂段之可能性的學者，則提出幾個論點，來支持其看法[2]，首先當然是巴哈本人就具備高明的即興技巧，在和聲與節奏上的直覺無與倫比，因此在記譜上，傾向以重點式的速記方式記錄，除非是供出版之用的手稿（巴哈在世時出版作品數量極少）。有理由相信，大多數的音樂均供他本人、家人與學生使用，他的確不需要寫下太多細節或手法，因爲他本人總會在場親自示範或指導。

2　Rothchild, F.《*the Lost Tradition in Music ： Rhythm and Tempo in J.S.Bach's Time*》，第七章【巴哈的鍵盤作品】。

　　此外，絕大多數器樂曲源自舞蹈或牧歌，在傳統上，同一段素材在反覆之後，就會加以變奏，作曲家在樂句段落上加以反覆，就意味著第二次出現時，要來點新鮮的變奏。在不改變基本節拍、長度與和聲結構的前提下，以裝飾音、掛留音、切分音或顫音來加花，樂譜上不會載明，而是由演奏者心領神會。巴哈的器樂曲是否仍保留這種傳統奏法？事實上十分可能。

　　總之，若是將已出版的巴哈作品（通常已經過整理與加註）一成不變地演奏出來，可能會失去巴哈那個時代享有的彈性與自由，我們今日所理解的巴洛克音樂，往往過於死板且缺乏變化，然而實情恐非如此，音樂家應該更深入瞭解那以純音樂傳達一切的時代，是否埋藏了更多的幽默、浪漫與自由。

第十一章　古典時期的萌芽

第一節　古典思維

　　在探討海頓的時代與作品之前，對於古典時期這個相對較爲模糊的名詞，先加以研究一番，畢竟，古典時期對於現代音樂的影響，大於所有其他時期的總和。

　　一般教科書習於以一七五〇做爲巴洛克與古典時期的分野，一七五〇正是巴洛克最後一位大師巴哈辭世的年份。但其實在此之前古典主義早已席捲歐洲，風起雲湧，音樂家早已對複雜的巴洛克技法棄之不顧，代之以不崇尚對位織度的簡明旋律線條，稱爲「華麗風格[1]」；此一音樂上的簡化運動並非孤立的主張，如思想家羅素在十八世紀上葉，即以自然界合乎韻律的完美均衡與美感，爲追求藝術創作的靈感，巴洛克式的雕飾誇張，已成爲改革的對象。藝術理論家韋克

---

1 華麗風格（Style Galant），對十八世紀興起的輕快風格，簡明的音樂風格所做的描寫。

翰也把古典主義引介給歐洲藝壇，其中心思想，即是對於美的定義乃符合自然規律，是一種表達整體的勻稱狀態，各部分細節都不可突出、過飾或誇大，而要恰當地組合成為藝術整體。這種崇尚自然均衡，講求悅耳易解的風格，再加上樂譜出版與音樂知識的日益普及推波助瀾，音樂由宮廷與教會之中走入大眾視聽已是不可逆的趨勢。凡此種種，皆加速了巴洛克晚期高深繁複的音樂理論，被拋諸腦後的速度。十八世紀中葉嶄露頭角的古典風格作曲家，對於甫離人世的巴洛克大師幾乎一無所知，他們在音樂風格與素材的運用上，完全地跳脫掉巴洛克技法的影響，事實上，古典風格的發軔與巴洛克晚期根本就是互相重疊的，而兩者之間的差異之大，是十分驚人的，管弦組曲或大協奏曲已不復見，由三樂章（或四樂章）交響曲取而代之，追求聲部平衡的弦樂四重奏，取代了由數字低音為基礎的三重奏鳴曲。鍵盤音樂的改變，則由奏鳴曲取代了舊時代的組曲。種種改變雖非發生於一夜之間，但發展速度實在很快，到一七七〇年左右，古典風格已經完全成熟，葛路克的改革式歌劇名作《奧菲歐》早於一七六二年首演，十四歲的音樂神童莫札特，已完成數部歌劇，而海頓則已在艾斯特哈吉宮廷中，服務了近十年。古典風格由啓蒙運動發軔至成熟期不過是七十年，催化古典風格的元

素，實在值得探究一番。大致而言，鍵盤音樂的風格演變居風氣之先，歌劇改革運動亦不遑多讓，至於在曲式或樂種的開拓與確立方面，海頓則居首功。

自然主義者盧梭的畫作，也揭示了古典時期的均衡、節制與描述自然的風格。(圖33)

第二節　古典風格浪潮

　　劇是集大成的音樂形式，歌它的風格轉變總是落後在其他樂種之後的，因此可理解葛路克的歌劇改革為何遲至一七六二年才透過《奧菲歐》的完成而啟動。

　　在葛路克四十八歲創作《奧菲歐》之前，職業生涯可謂平順，在布拉格受高等教育，隨後至義大利米蘭學習音樂，成為一位熟悉歌劇手法的作曲家，不過此一時期完成的歌劇皆為無足輕重之作，值得注意的事是葛路克遊遍歐洲各大城市，巴黎、倫敦、德國境內各邦與維也納，他頗有名氣，但創作出的數十部歌劇並無傳世之作，儘管如此，他對古典啟蒙運動方興未艾的浪潮卻是愈發了然於胸，周遊列國也使他眼界更寬，一切的經驗和學習，似乎都是為歌劇改革的力量而儲備。三十五歲時，葛路克回維也納發展，已頗有樂名的他娶了富有的女繼承人，自此展開不再為金錢擔憂的生活，經濟上的不求於人再加上與生俱來的使命感與批判性格，使得葛路克成為維也納特立獨行的藝術人士，反而使他更獲肯定，至一七五六年，他的頭銜又增加了一長串，包括維也納宮廷樂長、教廷武士等等。

　　此時藝術界已摒棄巴洛克風格，「華麗風格」大受推崇，

但真正激發葛路克藝術潛能的時機，直至一七六一年才到來，他得到了名詩人卡爾薩比基[2]的「奧菲歐」劇本，後者對劇場與文字有著極高的品味；葛路克深知，若非卡爾薩比基的劇本優秀，「奧菲歐」不可能如此出類拔萃，他親自寫下「如果我的作品小有成就，應歸功於劇作者，因爲他的文字使我有機會發揮藝術潛能…。[3]」

　　第一次，在華麗且注重聲樂炫技的巴洛克歌劇仍大行其道的時代，葛路克以單純、節制而均衡的樂念和配置撰寫「奧菲歐」。兩百年前，蒙台威爾第以「奧菲歐」開啓了樂劇合一的形式，之後日趨誇張複雜，兩百年後，葛路克又以同名歌劇試圖返回自然與真切的境界，實在是一個美麗的巧合。

　　葛路克認爲，歌詞與音樂應緊密結合，相互依存，下面這段話，節錄自葛路克致友人書信，大致說明了他的改革目標；「我一直努力讓音樂更簡單自然，尋求有力的方式表達歌詞涵義，這就是我爲何要摒棄那些被濫用的顫音、花腔和裝飾奏之理由。[4]」

　　葛路克所提倡的風格，並沒能主導樂壇太多年，因爲緊接而來的浪漫樂派風格已不再重視簡化的原則，然而葛路克

---

2 卡爾薩比基（Raniero da Calzabigi, 1714-1795），義大利詩人、劇作家。
3 荀伯格；陳琳琳譯《從巴洛克到古典樂派》。第四章【葛路克】。
4 荀伯格；陳琳琳譯《從巴洛克到古典樂派》。第四章【葛路克】。

的歌劇改革思維浪潮，仍是古典運動強有力的一頁。

　　更早一段時間，多明尼可‧史卡拉第（著名的拿坡里歌劇作曲家亞力山卓‧史卡拉第的兒子）就以大量的鍵盤奏鳴曲預示了古典風格的可能性，巴哈的音樂家兒子卡爾‧菲力浦‧艾曼紐（C. P. E. Bach）更是華麗風格的代表性人物，與葛路克同年出生，他的樂名超越他的父親，現在看來似乎不可思議，但是 C. P. E. 巴哈，的確名列十八世紀，最有才氣的作曲家，他的音樂充滿了想像力與動人的活力，絕對不是冰冷乾淨的僵硬結構；他感情豐富而不受約束的動力，啟發了古典風格更深刻的情緒張力。巴哈另一名音樂家兒子約翰‧克利斯提恩‧巴哈（J. C. Bach），又有「倫敦的巴哈」稱號，老巴哈辭世時，J. C. 巴哈年方十五，此後展開近乎流浪的生涯，先後在德國、義大利、法國落腳，最後在英國倫敦渡過餘年，他是古典風格大將，最著名的作品涵蓋鍵盤協奏曲、交響曲與室內樂等，莫札特在倫敦停留了十五個月，受到 J. C. 巴哈很大的影響，他的音樂流暢、均衡又具歌唱性，更重要的是他對奏鳴曲式的運用，已顯示出古典時期作曲家對主題發展的可能性，產生了結構性的變化，而此一變化，正可以說是古典時期風格的依據。

　　音樂歷史上，區分不同風格時期的最直接方法，就是觀

察比較主題的差異性。主題的長短、聲部位置、反覆方式與
發展手法，都可以顯示出不同風格之間的取向不同之處。古
典時期曲式結構，以明確的單一主題為核心，伴隨著居附屬
地位的伴奏背景。此一主題，必然會誕生出副主題，如關係
調、正反倒影或是增減時值各種手法來突顯對比，至於變奏
曲或即興樂段，則可列入一個緊跟在主題之後的發展部裏，
在冗長的展技之後，再度喚起聽眾記憶的方式，莫過於重新
演奏主題的再現部，上述的發展，也就構成了奏鳴曲式（或
稱第一樂章格式）的基本架構。

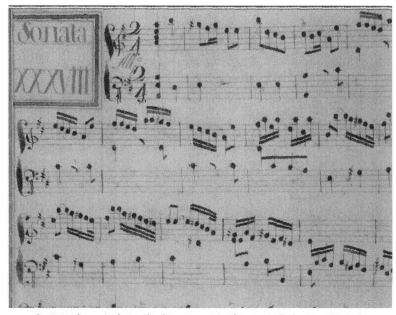

　　多明尼克‧史卡拉第（D. Scarlatti）之一頁手稿，顯示出
他所譜寫鍵盤奏鳴曲已具有很成熟的古典風格。此手稿約
是一七四二年的作品。（圖34）

　　試圖去界定古典時期的始末，的確是吃力不討好的提議，它與巴洛克晚期的顛峰，共存了一段時間，而浪漫派思潮又到來的迅雷不及掩耳；但是那均衡又透明的風格，以節制的態度，描繪自然與人性的協調性，毫無疑問的，與大部份人的情感與智能可以完美結合；如果說巴哈的音樂，代表著複音音樂的極致，是彰顯了人類對神的頌讚；那麼在海頓與莫札特手中達到高峰的古典時期，則是人類為探索自身理性與情感，如何產生均衡的美感而自我簡化、自我節制的思維產物。聆聽古典時期作品，會立刻感受到，人本主義與從容節制，整體協調的美感；神權或君權時代的思維已然遠去。而也就在這樣肥沃的土壤之上，生長出古典美學的果實。

Joseph Haydn（1732-1809）海頓少數肖像之一，繪於一七八五年。（圖 35）

第十二章　約瑟夫‧海頓的作品與生涯

第一節　早慧的音樂少年

比起音樂之父巴哈，海頓的作曲數量與曲種之多，絕對是不遑多讓，一百零四首交響曲，五十二首鋼琴奏鳴曲及八十三首弦樂四重奏，此外多種協奏曲，合唱，二十三齣歌劇，四部神劇以及多首彌撒曲；曲種齊全，海頓可說是無一不精。他在世時，確是歐洲地位最崇隆的音樂家，在奧地利尤然，而他並非含著金湯匙出生，所有成就來自努力和機運。

海頓幼年的家居生活並無詳細的記載，僅知他於一七三二年出生在奧匈邊界的羅勞鎮，家境中等。但是海頓必定很早就顯露出聰慧的天分，否則他的父親馬蒂亞斯‧海頓不會被說服，將年僅六歲的小海頓送至遠方的寄宿學校，學習音樂與讀寫，學校座落於海恩堡，一個缺少潛力的小鎮，然而海頓本人在自傳草稿中，倒是對海恩堡的學習頗為自得，他寫道「神賜給我豐沛的音樂天份，使我在六歲稚齡，就能與

其他年長許多的詩班成員一同唱彌撒曲，況且還學習鍵盤與小提琴。」海頓八歲時，第一個重要的轉機到來，透過海恩堡教區神父大力推薦，維也納聖史蒂芬大教堂樂長魯伊特欣賞了海頓漂亮的童聲，立即決定留用他；海頓於一七四○年，抵達了他一生事業的起始之地（也是終點）維也納。

　　海頓描述在聖史蒂芬大教堂的九年時光，他說道：「我不曾追隨過正式的指導者，而是由實際中學習，先學視唱，再接觸樂器，最後譜曲，此外，我聆聽音樂的時間比讀譜的時間多，各式各樣美妙的音樂，累積了我的知識和能力。」海頓在聖史蒂芬大教堂裏接受通才訓練，每一種樂器都能上手，但也如他本人所言：「我並未精通某一種樂器，倒是每一種樂器都能上手[1]…。」誰又能預料，無心插柳的結果，海頓廣泛的音樂技術和知識，成為他日後最大的資產。

　　和其他同時期，且名留音樂史的作曲家相比，海頓在演奏上確是絲毫也不突出，完全無法和莫札特或貝多芬相比，但是，這並不妨礙他名列史上最傑出作曲家之列，主要原因就在於，他的一切技法均來自實際經驗的心得，他從不認為自己是天才型人物，他自述道：「我絕不求快，總是一步步來，

1　荀伯格　；陳琳琳譯《從巴洛克到古典樂派》。第五章【海頓】。

思量再三。[2]」

認爲海頓不是音樂奇才的人，也包括聖史蒂芬大教堂樂長魯伊特，一七四九年底，維也納寒冷的冬天裏，魯依特將甫變聲的海頓遣散而去，海頓一文不名，幾乎凍死街頭，幸好一位相識的老師，聖米歇教堂的男高音歌手史潘格勒伸出援手，將海頓收留到他家中同住，家中尙有史潘格勒的妻子和小孩，空間十分狹小，然而海頓既然無處可去，也只得硬著頭皮接受幫助；史潘格勒的仁慈使他在古典音樂史留名。

飢寒交迫，寄人籬下的日子逼使海頓必須設法謀生，憑著他在此之前受的音樂訓練，根本找不到任何體面的工作，海頓在一七五〇年，秋天告別了恩公之後，考慮過許多出路，最後決定還是以最拿手的音樂技能來謀生，除設帳授徒之外，所有的演出機會（只要是能賺錢的）他都樂於擔任，舉凡是唱詩，拉琴，彈琴甚至抄譜一概來者不拒，至於作曲方面，也不曾鬆懈過，除了爲婚喪喜慶作些小曲換取酬勞之外，海頓在作曲一事中，發現了真正的興趣，使他廢寢忘食，他形容自己常爲作曲而徹夜不眠，想必辛苦沒有白費，逐漸小有名氣，尤其在第一部歌劇《狡猾的魔鬼》完成之後，海頓得到更多的作品委託。《狡猾的魔鬼》是一部喜歌劇，首演於

2 荀伯格；陳琳琳譯《從巴洛克到古典樂派》。第五章【海頓】。

一七五三年，可惜樂譜並未留存，無從得知其風格成熟度如何，不過，一些流傳至今的同時期詠歎調作品，已顯示出海頓典型的輕快典雅風格。

維也納宮廷詩人梅特斯塔修[3]於一七五三年左右，認識年輕又有才華的海頓，立刻將海頓介紹給剛剛抵達維也納的義大利著名歌劇作曲家波爾波拉[4]，波爾波拉閱歷豐富，造詣極深，他提供海頓一份相當於私人助理的工作，事實上等於是收海頓為學徒；海頓宣稱在老師身上學到了從事作曲的基本功夫，應是所言不虛，此外，透過波爾波拉的人際網絡，海頓也認識了更多重要的朋友。例如後來引介紹給他第一份獨當一面的工作的知音芬柏格男爵。

縱觀一七五○年代，海頓的作品種類非常多樣化，早期的宗教作品有魯依特的影子，稍晚一些則運用波爾波拉的某些義大利歌劇語法，至於器樂曲方面，為學生寫的鍵盤獨奏，為芬柏格男爵寫的弦樂四重奏，以及為雇主莫爾辛寫的交響曲較為重要，其中尤其是以那十首為芬柏格男爵家人創製的弦樂四重奏，清楚地標示出一個純然古典風格的新樂種，最具意義，不過這些四重奏與其他一些以三重奏方式出現的作

---

3 梅特斯塔修（Pietro Metastasio, 1697-1782），詩人、劇作家、維也納宮廷詩人。
4 波爾波拉（Nicola Porpora, 1686-1786），義大利歌劇作曲家。

品，皆為同時期的產物，海頓雖然已經摒棄了巴洛克的數字低音手法，也不再採用舞曲形式來安排樂章，但他仍採用兩個小步舞曲樂章，來分隔快慢快三段樂曲；乍看之下，全曲五個樂章頗有巴洛克組曲的架構，但其實完全不同，海頓發揮他特有的創意和幽默感，譜寫出卓然有成的風格，影響古典時期風格極深，譬如海頓喜愛小步舞曲[5]的輕快特色，不斷地在弦樂四重奏或交響曲中，以小步舞曲擔任舒緩功能的中樂章，使得小步舞曲成為古典時期，最普遍的三拍子樂章形式，甚至一直到浪漫樂派都未曾放棄這個風格，可見一斑。

弦樂四重奏是古典時期的新樂種，海頓被公認為此一形式的重要開創者。（圖36）

---

5 小步舞曲（Minuet），十七至十八世紀最風行的舞曲，優雅的三拍子節奏，是唯一在古典交響曲中仍大量採用的舞曲。

　　海頓在一七五八年，經由芬柏格男爵的推薦，獲聘爲莫爾辛伯爵的專任音樂總管，這就是他第一份獨當一面的工作，海頓除了爲伯爵譜寫鍵盤音樂，室內樂之外，也譜寫了最初的數首交響曲。交響曲是專屬於古典時期特有的新發展，主要原因，在於巴洛克與古典風格的主題與織度均大不相同，古典時期已無數字低音的制式結構，主題更長，和聲結構更平緩，均有利於發展更均衡的配器，巴洛克的管弦樂組曲和大協奏曲都已是過去式，古典時期的交響曲，是講究各聲部各司其職的風格，伴奏與主奏十分明顯，譬如管樂器的角色大都居背景配角，除非有音色上獨特需要，才會跳出背景。弦樂器成爲音色的主體，但表現力也很受節制，力求均衡。交響曲的名稱來自歌劇序曲，配器方式到了十八世紀中葉前後，已確定爲兩管編制，弦樂部分由傳統的三部結構進化到四部結構，海頓在一七六〇年以前，譜寫最初的交響曲當中，已然展現優異的手法與品味，雖不是他最成熟的作品，卻也可以看到他具備了營造一流音響的能力。

第二節　艾斯特哈吉宮廷

　　海頓在莫爾辛伯爵手下工作的日子，並沒有持續很久，大概僅維持了兩年左右，當然，二十八歲的海頓，已非早年三餐不繼的初出茅廬之輩，大好的前程正在等著他；離開莫爾辛宅邸之後，海頓獲得機會進入艾斯特哈吉宮廷幫忙，一七六一年，他人生中最重要的新機運終於到來，艾斯特哈吉家族聘海頓為副樂長，由於老樂長韋納健康不佳，海頓事實上必須打理一切的音樂事物。

　　海頓確實屬於大器晚成的作曲家，若是沒有三十年光陰，在艾斯特哈吉宮廷中大量的創作，實驗自己的想像力，那麼海頓的天才能否適當地發揮，可能仍是一個問號，海頓自己說到：「王子對我的作品很滿意，……，此外，我善用身為指導的機會，自由地試驗配器，觀察各種強弱變化的組合，我可以隨時增刪加減，完全由自己做主，沒有人可以干擾我的工作，這種情況下，我當然能夠更有創造力。[6]」

　　在正式應聘艾氏家族之前，海頓趁空完成終身大事，一七六〇年底，他迎娶前房東的大女兒瑪麗亞・安娜・凱勒為妻，這個空洞的婚姻長達四十年，被史學家（與海頓本人）

---

6 荀伯格；陳琳琳譯《從巴洛克到古典樂派》。第五章【海頓】。

定位爲一場災難，幸而這並未摧毀作曲家樂觀的天性。

　　海頓進入艾斯特哈吉宮廷工作一年之後，僱用他的保羅王子去世，繼任者爲尼可拉斯王子，後者對音樂的興趣猶在前者之上，尼可拉斯王子與海頓緊密的賓主關係，長達二十八年，在音樂史上並不多見。尤其老樂長韋納，在一七六六年過世之後，海頓便接下樂長一職，職務包括譜曲，指揮訓練樂團，管理樂手或其他一切音樂相關雜務，然而精力充沛的樂長勇於任事，很受愛戴，團員及歌手都暱稱他爲「海頓爸爸」。

　　在作曲方面的成就，海頓因應工作的需要譜曲；例如尼可拉斯王子擅於演奏古大提琴，海頓爲他譜了兩百首古大提琴曲（或可由中提琴或大提琴演奏），王子耗費鉅資建新宮與劇院，海頓便也製作歌劇，由於王子的品味傾向輕鬆，海頓的戲劇音樂皆爲喜劇，幕間劇之類的輕鬆作品，此外，由於樂長的職責，尙包括教堂的宗教音樂，因此他也創作彌撒曲與各種教會聲樂作品。

　　除上述的曲種之外，海頓在一七六六年之後，在鍵盤奏鳴曲上展現出不同以往的深度，發展部更長更豐富，主題的調性選擇更大膽，形式上真正可以直貫最成熟的古典風格。弦樂四重奏與交響曲方面，海頓以大量優秀的作品，推敲出

純熟的技巧和驚人的想像力，當時的歐洲，並沒有專門的學
說探討奏鳴曲式，自巴洛克晚期，主要鍵盤音樂作曲家，如
艾曼紐‧巴哈或多明尼克‧史卡拉第首先改善了兩段體曲式，
並融合返轉三段形式而成的奏鳴曲式為始，歷經曼海姆樂派
與維也納樂派的應用實驗，實際上是海頓以大量的交響曲，
弦樂四重奏以及鍵盤奏鳴曲，統一且確定了這個古典時期，
最龐大也最重要的曲式。誠然，奏鳴曲式非海頓獨力完成或
發明，但確實，也沒有人比他更清楚深刻的了解斯藝，到一
七八〇年左右，海頓的樂名已名滿歐洲，各地出版商爭相籠
絡，不只是維也納，倫敦，巴黎也都演出他的作品，邀請他
到訪的邀約不斷，但海頓礙於工作均無法成行，直到一七九
〇年，尼可拉斯王子過世，海頓的生命再度面臨抉擇，繼任
者安東王子，顯然對於音樂興趣不高，解聘了大多數編制內
的樂手，儘管海頓不至於失去職位，但是能發揮的舞台已大
幅縮減，於是，在一七九〇年，他辭去服務三十年的艾斯特
哈吉宮廷樂長一職，重返維也納，原本計畫享受一段清閒的
時光，卻又盛情難卻地接受了倫敦方面的邀約，當年年底便
束裝出發前往倫敦，這個人文薈萃的大都市。

第三節　兩次倫敦之行

　　邀請海頓往訪的策劃者喬漢・彼得・薩洛蒙是小提琴家兼樂團指導，他在一七九一年與一七九二年，分別策劃了兩個樂季，海頓都參與了，前後完成了六首交響曲，牛津大學也頒授榮譽博士學位予大師，以表彰他的成就，這是海頓第一次倫敦之行，不但愉快而且名利雙收；當中唯一的不快，是九一年底莫札特過世的消息，傳至倫敦，令海頓極為錯愕難過，眾人皆知海頓推崇莫札特為「當代最好的作曲家」，而莫札特也對海頓的藝術價值，十分清楚與尊敬。兩個作曲家的情誼，在樂史中頗有記載。

　　海頓第一次倫敦之行，停留了一年半，親手記錄此行見聞的「倫敦札記」中，有許多海頓本人的心得和觀察，也記錄了他作品的數目和種類，藉著這完整的文獻，研究者得以詳細地了解海頓的工作細節與生活態度。我們可以發現他是一個十分好奇的人，任何方面的動靜，都能讓他興奮不已。海頓也是最富有職業精神的人，絕不苟且隨便，一旦答應完成某事，必會努力達成。

　　一七九二年六月，海頓返回略顯單調乏味的維也納，似乎立刻計畫返回倫敦，果然，在薩洛蒙的安排下，一七九四

年初，大師再度踏上英倫土地，又交出六首交響曲的成績，連同上一次所作的六首，總共是十二首倫敦交響曲的系列（九十三至一〇四）。此外，第二次英倫之行在作曲的曲種方面，更多樣化，甚至包括一首莊歌劇，至於其他音樂會室內樂作品，爲達官顯貴而作的小品更多，歌曲，小型室內樂，當然也包括弦樂四重奏在內，技巧純熟不在話下，感情的刻劃也更見深度。雖然海頓的工作方式，仍然和四十年前爲三餐奔波的時期幾乎一樣，但此刻的心情已是歷盡滄桑，身份更是大不相同了，他早已是國際公認的大師，名利兼具，作品已成爲更純粹的心靈活動了。

海頓著名的「倫敦交響曲」一〇四號，是他兩次訪問倫敦所
譜寫的十二首倫敦系列交響曲中的最後一首。這裡展示的是
第一樂章開頭，氣勢萬千的序奏。在海頓晚期風格交響曲的
編制方面，此曲具有代表性；尤其一開始銅管聲部的咆哮，
創造了很大的戲劇效果，是海頓在此之前少用的手法。(譜 8)

第四節　在維也納的晚年與作品

　　一七九五年八月，海頓返回維也納，居然面對老東家邀他回任樂長的請求，原來不愛音樂的安東王子已死，尼可拉斯二世繼承爵位，第一件事就是計劃重建樂團，希望請回老樂長海頓重整樂風；勞碌命的海頓也不推辭，回鍋擔任艾斯特哈吉樂長。再度回任原職，可是工作內容已大不相同，尼可拉斯二世偏愛宗教音樂，至於其他方面對海頓則是沒有多餘的要求，在海頓於一八〇二年正式退休之前，他為東家貢獻了六首彌撒曲，約一年一首，這六首莊嚴彌撒各有特色與創意，但是同時也節制而嚴格的遵守最典雅的風格，一般認為海頓受到兩次倫敦之行所觀摩到的韓德爾神劇影響，對於宗教類的大型聲樂作品有了很不同的看法，這種觀點也在海頓此一時期三部偉大的神劇中得到證明，「十字架上的七言」，「創世紀」與「四季」，他真正展現了以音樂描寫大自然的純熟技法和驚人的想像力，一向輕快且不愛賣弄玄虛的海頓，在他最後三首神劇中以他鑽研試驗了一輩子的堅實結構，成功地表現出恢宏的氣勢。

　　海頓小號協奏曲完成於一七九六年，為維也納宮廷小號手魏丁格所發明的按鍵式小號所作。獨奏小號一出現就震撼樂界，以音階形式出現在第三泛音系列，這是古典時期之前未曾發生過的手法，因為自然小號只能在第四泛音系列以上吹奏音階，按鍵小號則不受此限制。（譜9）

　　小號協奏曲應該是海頓所有現存的協奏曲中，最受歡迎的一首，此曲幾乎涵蓋了所有海頓音樂的特質，第一樂章是完整的奏鳴曲式，包括兩個巧妙相對的主題，如女高音華彩裝飾奏的精美發展部，以及愉快又不拖泥帶水的再現部，音樂部分是如此流暢透明，技巧的要求又如此乾淨與富音樂性，使得這首曲子穿越兩百年時空仍不褪色，第二樂章是短而且未經發展的西西里舞曲，兩段式的結構恰如其份地表現出歌唱性。至於第三樂章仍是古典時期最普遍的選擇「輪旋曲」，海頓為了節省篇幅，沒有採用發展較多的奏鳴曲式輪旋曲，而是以多插句返回輪旋曲，來架構末樂章，產生一種極簡明輕快的印象。

　　海頓小號協奏曲完成於一七九六年，是為維也納宮廷小號手安東尼・魏丁格所寫的。魏丁格發明了一種按鍵裝置，以便控制管身上音孔的開闔，在之前介紹小號的章節已介紹過。這個新樂器雖然不盡理想，但想必引起了大師的好奇心，他沒放過這個實驗的大好機會，十分巧妙地融合自然小號明亮且信號式的本質與新產生的音階式旋律性，現讓五十年前小號仍有的旋律性，如今又再度出，只不過音域低了許多。在此之前的五十年間，小號不再有機會吹奏如此旋律性的樂句，海頓偉大之處，在於他以最高水準來表現小號的特色，

絕不降低標準，可是又顯得如此自然而毫不勉強。按鍵式小號很快就被淘汰了，現代小號要到十九世紀第一個世代才出現，然而海頓小號協奏曲卻始終是同類作品的珠玉之作，它出現在古典時期最高峰，具備當時風行的一切最合理與完美的結構，是以小號為獨奏樂器絕無僅有的傑作。日後亨麥爾模仿此曲，亦完成一首小號作品，它之所以成功，是因為它承載了海頓最成熟也最優美的樂思和創意。

如果你細聽海頓小號協奏曲第二樂章一開始的旋律，就能發現它與奧國國歌十分類似，事實上海頓早在倫敦訪問期間，就已經在構思一首足以與英國國歌《天祐吾皇》相輝映的奧國國歌。此計畫在一七九六年成熟，海頓依詩人李奧坡·赫許克的詩《天祐吾皇法蘭茲》完成了既莊嚴又簡明的國歌，一七九七年二月首演之後，立刻獲得熱烈的認同，稍後他著名的「皇帝」四重奏（op76.No3）也運用了國歌的主題，因此這一切雷同之處，均非巧合。

一八〇〇年，海頓喪妻，他的健康開始走下坡，兩年後正式退休，最後的作曲紀錄是一八〇三年。雖然海頓的晚年，在經濟方面享有足夠的保障，然而疾病纏身，雙腳似乎不良於行，幸而他天性樂觀，人緣極佳，每天起床後打扮停當，接待各處的朋友、同事、仰慕者乃至訪問作家，生活倒也不

這裡展示了海頓小號協奏曲第二樂章開頭幾個小節，主題部分與一年之後發表的奧國國歌一開始幾乎完全相同。小號獨奏部分極富巧思地展現按鍵式小號的新語法。（譜10）

至太過無聊。一八〇八年有一場特地為大師所舉辦的音樂會，海頓勉為其難地出席了此一盛會，之後便不再有公開的活動了。一八〇九年五月三十一日，海頓病逝家中，享年七十七歲。

研究海頓的音樂，就等於是觀察古典風格發展成熟的過程。海頓出生時，上一個世代的風格已盛極而衰，在他的少年時期，輕快而簡單的華麗風格正席捲歐洲（英國除外），是海頓賦予那種華而不實的音樂，更合理也更穩固的形式，也是他以驚人的想像力和創意賦予古典音樂更多的熱情。身為音樂史中最多產作曲家之一，海頓或許也可以奪得「最佳進步獎」、「最佳創意」或「最佳發明」之類的頭銜，十七歲時差點凍死街頭，而後卻能走出自己的康莊大道，一切絕非僥倖，雖然海頓承認自己運氣不錯，但是若非他個人不懈的學習和努力，還是不可能成為後來的作曲大師。

海頓譜寫的音樂，寬大、機智、輕快，更重要的是均衡，每個特點都類似他本人的性格。很少有人能做到如他一般的公正，可親與誠懇。即使是桀傲不馴如莫札特，也將自己六首不凡的弦樂四重奏（No.14～19）題獻給海頓。而海頓每在人前聽聞莫札特的名字，總是坦言：「人們譽我為天才，莫札特卻遠在我之上。」不獨然是對後進，海頓對貴族，同事或

屬下，都是以合宜的方式相處，從不攀炎附勢，更不會恃強凌弱。

　　傳聞樂聖貝多芬與海頓不合，恐怕不是事實，貝多芬曾於一七九二年底短暫地與海頓晤面，雖然未曾發展爲固定的師徒關係，但也無損於貝多芬對海頓的敬意，而海頓更是對人大力推薦貝多芬的才華，「不高深，但有朝一日，貝多芬必然會成爲歐陸最偉大的作曲家之一。」。海頓受過的教育並不特殊，但是他的性格與處事原則，卻極爲契合啓蒙運動思想家所推崇的自然、真實，均衡與整體感。有人爲海頓冠上「交響樂之父」的美名，推崇他在此型式的成就，事實上，如果就同一標準，他也可稱「弦樂四重奏之父」或「奏鳴曲式之父」而無愧，他的確以一己之力，爲一個尙稱渾沌的時代，打開了局面，奠定了基礎，共同努力者很多，可是海頓是引領眾人的那顆指路星。

第十三章 結 論

─ 從巴哈到海頓時期的小號演奏格演變

　　在探討本書的核心之前，筆者已在數個章節中，討論了從文藝復興晚期到海頓辭世的十九世紀初，時序橫跨了兩百年，並不算長的一段歲月，卻是西方音樂風格變動最快速的時期，原因在於社會制度與結構的質變，也在於隨之而來的藝術思潮轉變，每一個時代總是會有它的核心價值，而當此一衡量事物的價值觀流動時，一切看法也會跟著變動。

　　只消一想，就可以明白爲何由十七世紀初至十九世紀初產生了這麼大的改變浪潮。共和政體，君主立憲與工業革命於焉發生，一六〇〇年時記譜法才大致底定，一八〇〇年人類已同時擁有巴哈的《音樂的奉獻》與海頓的《創世紀》。

　　對筆者來說，最感興趣的就是音樂在不同時期文明中反映出來的美學邏輯。值得注意的是，不符合邏輯的藝術態度基本上是二十世紀的產物，在二十世紀之前，無論哪一個時期，又或者是核心思想多麼不同，音樂總是力求合乎某一套規範或是邏輯性的。進入二十一世紀的今日，人類又開始變得謙卑，盼望與自然萬物共存；相信新的美學觀點又將產生，或許是又一次的文藝復興運動，也說不定。

第一節　小號演奏的風格難題

做為一個現代的小號演奏者，在工作上面對的挑戰，就是必須熟悉各時期的音樂；因為沒有任何其他樂器比小號更需要克服不同風格之間的差異所帶來的困難。舉例來說，雙簧類樂器家族如低音管或雙簧管歷史久遠，演奏風格也有巨大變化，然而它們在機械裝置上的進步，提供了更大的音樂表現空間，以現代樂器來表演三百年前的音樂困難之處在適當的風格，而不是在技術難度上。單簧管類樂器更不消說，既然是十八世紀稍晚才大量採用的新樂器，它們面臨的風格衝突也就較少一些，你很難決定莫札特或韋伯[1]的豎笛協奏曲何者較困難，又或者是伯恩斯坦[2]的豎笛協奏曲較難？在主題的呈現上，它們容或有些不同，但是在技術層面上，它們都十分有挑戰性。

同為銅管家族的長號，由於構造簡單合理，自從十五世紀被歐洲音樂家發明以來，在型制上變化很少，演奏原則也幾乎一樣，文藝復興時期一直是教堂中重要的合唱伴奏樂器，後來在巴洛克時期，則除了聲樂伴奏之外，又多了一個

---

1 韋伯（Carl Maria Von Weber, 1786-1826），德國作曲家，浪漫派先驅者。
2 伯恩斯坦（Leonard Bernstein, 1918-1991），美國作曲家，指揮大師。

加強數字低音的功能，儘管出現得如此之早，長號在音樂上
真正產生嚴肅的技術挑戰，還是遲至十八世紀末，莫札特的
安魂曲，貝多芬的交響曲（第五號之後），雖仍帶有宗教意味
暗示性，但長號以此為基礎，逐步發展出極重要的地位。對
現代長號演奏家而言，理解各不同時期的風格差異是重要課
題，然而在吹奏技術上，完全不成問題。

　　另一個重要的銅管家族成員，法國號，它是最古老的銅
管樂器，號角雄渾的音色是最初被辨認為銅管代表性音色
的。最原始的號角由海螺、牛角或中空的樹幹製成，共鳴體
基本上是長度短，體積廣，人類為了複製相同的音色，將銅
管加長了許多，管身變窄了，如此一來便製造出很豐富的泛
音系列。自然號很早就擔任旋律性樂器，原因就在法國號在
自然狀況下，便可頗輕易奏出四個八度，是它佔優勢之處。
十八世紀中葉之後，法國號演奏家發展出手塞音技巧，更使
它如虎添翼，成為受歡迎的獨奏樂器，許多古典時期優秀的
法國號協奏曲就是明證，十九世紀上半葉工業革命同時期，
法國號的機械活閥裝置發明了，但自然號的魅力仍使它存活
到十九世紀末，如布拉姆斯3就鍾愛自然號的音色，他終其一
生堅持使用自然號在他譜寫的音樂中吟唱。可惜這種對於古

---

3 布拉姆斯（Johannes Brahms, 1833-1897），德國後期浪漫派作曲家。

老傳統的堅持並未持續下去，到了二十世紀初，幾乎已經沒有主要作曲家仍然堅持使用自然號了，原因主要是因為浪漫音樂派的思潮早已席捲世界，另一個有趣的因素是現代法國號的音色其實可以模仿自然號的音色，總之，現在的法國號演奏家就技術面而言，可以毫無疑問地演奏出每一個時期的音樂作品。

反觀本文探討的樂器 ── 小號，它的歷史稍短於號角，比長號古老，但是在樂器發展歷程上，面臨著好幾次巨大的變化，這些變化不僅是在音樂風格上，它也發生在樂器型制構造上。每一個不同的時期，都為音樂帶來不同的主題、織度和困難度。而每一種不同的樂器型制，代表著不同的音色需求，兩者合而為一，就形成一道難解的習題。而這道習題的解答，必須要研究歷史上的藝術潮流和創作動機，才能找到部分的線索。

今日的小號演奏者通常必須熟練數種不同的樂器：華麗厚重的降 B 調小號、明亮的 C 調小號、典雅的 D 調與降 E 調小號，以及細緻的高音小號。除了上述之外，溫暖的降 B 調（A 調）短號以及降 B 調富魯格號，也是樂手必須經常使用的樂器種類。

上述的每一種樂器都有獨立的號嘴尺寸，不同的內徑與

彎折曲度，更不用說它們的調性也有所不同；因此不難理解同時精通它們的困難度。

　　然而克服音樂史不同時期風格差異所產生的技巧難度，挑戰性更高。例如文藝復興時期流行的木號，通常由烏木或象牙製成，看起來類似一把略微彎曲的中國簫，吹奏起來有一種獨特的迷濛音色，這種音色根本無法由現代樂器模仿出來，唯一解決之道就是實際演奏復古樂器，學習它的按孔音準系統和截然不同的吹嘴設計。筆者曾上過幾堂古樂器課，以親身經驗而言，它與現代樂器的吹法差距很大，最困難之處在於改變吹奏的概念和原則，例如頻繁的漸強漸弱，本該是現代樂手極力避免的，可是在木號演奏的十六世紀，它卻是常態。

　　木號的例子說明了一些極複雜的風格難題，基本上木號並不被視為與自然小號相同的樂器，它享有某些配器上的特殊地位，然而演奏自然小號的人與演奏木號的人是同一批演奏者；在三百年前，應當是平常的事，就像今日的爵士薩克斯風樂手通常也兼豎笛吹奏一樣。當然，木號與自然小號之間的差異性，遠大於前兩者之間的差別。

第二節　研究風格基礎信念

　　藉著音樂史的線索來尋找適當的解決之道，也就是了解
各不同時期風格形成的因素，並且了解歷史之路並非直線，
而是曲折的，可以幫助音樂家以更大的信心和耐心，來面對
演奏上的難題。

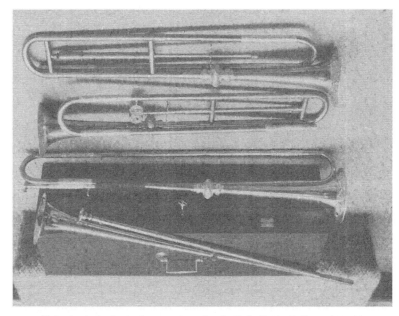

幾把仿古自然小號，下方兩把樂器有伸縮滑管設計，類
似伸縮小號，此類銅管樂器十分罕見。（圖 37）

在筆者的學生時代，第一首學習的古典協奏曲就是海頓一七九六年寫的降 E 大調協奏曲，當時根本不曉得，它並非為現代小號而寫，也不知道它是古典時期最少見的樂種—小號協奏曲的代表作。而只是單純地享受那優美的旋律和音樂動力。數年之後，筆者開始學習大量的巴洛克時期小號協奏曲，作曲家包括英國的普賽爾，義大利的阿比諾尼、韋瓦第、托瑞里以及德國的泰雷曼等等。這一長串的作品，讓筆者意識到，巴洛克時期的小號音樂，在每一方面都比古典時期更華麗、更複雜也更困難。那時，心情十分震驚；因為當時原以為音樂的發展是由簡而繁、由淺而深的，然而那根本是不正確的。事實上，音樂的進程更類似某種循環，簡單之後接著複雜，複雜之後接著簡化。

因此這些年筆者試圖建構一個概念，這個概念一開始十分模糊，之後逐漸浮現輪廓，希望藉由釐清某些音樂基礎建立過程的先來後到的程序，來強化自己或學生的音樂能力。因為缺少了這種音樂能力，演奏者可能無法對不同風格做出反應。例如先聽、再唱、而後是寫，整個過程強調模仿的能力。音樂的基礎是模仿能力的培養，即使是創新也來自於模仿，因此必須聆聽；先有聆聽，跟著才有唱奏，唱奏出自己聽到的東西，之後方能寫下自己唱奏出來的事物，音樂中所

有變與不變的道理都以此為根基。除了模仿之外，還有即興與創造，然後對於風格的理解也就得以深化。

　　基於上述概念，就知道如果光只是閱讀此書，絕對不可能完全真正了解巴哈和海頓的不同風格何在，也不可能對自己的演奏產生助益。我們必須用心聆聽，聆聽音樂中的力量和情感，先忘掉那些名詞和術語，大量的聽最重要。

　　回到正題：巴哈與海頓。前者是巴洛克音樂集大成者，後者則對於古典時期有開創之功，挑選兩位大師絕非偶然，他們正好是筆者最崇敬的音樂家，不過，平心而論，以巴哈與海頓為中心，來討論一六〇〇至一八〇〇這兩百年的音樂風格演變的確是有道理的，還有誰比他們更有代表性呢？尤其是對於小號而言，巴洛克與古典時期的小號演奏語法差異實在太大，沒有任何一種其他的管樂器曾經面臨如此巨大而且突然的風格變化；因此，以小號的風格演變為軸心來討論巴哈與海頓的音樂風格差異的確是很好的選擇。

第三節　不同的內在動機

巴哈與海頓在譜寫音樂時的動機和藝術自覺，是十分不同的；巴哈在晚年時，已被視為保守且落伍的風格代表，他本人知之甚詳。事實上巴哈對於名留青史一事並無把握，他一生工作繁重，為多個不同機構服務，在人際關係方面，始終存在許多的問題；在這一方面，海頓則是幸運許多，青壯的三十年歲月奉獻給富可敵國的艾斯特哈吉家族，頗受王子倚重，又有一群愛戴他的音樂家與他共事，他在一七八〇年左右，已十分確知自己的音樂地位，從他與數位出版商的書信中，可以得知，海頓明白自己作品的重要性與歷史地位。

巴哈一生的創作重心基於工作上的需要，然而，他必定有著強烈的藝術本能或直覺，雖然他從未談論或試圖彰顯自己內在的藝術動機，導致研究者無從得知巴哈的心智活動，尤其，他並未留下任何針對自己作品的剖析，或是清楚交代創作動機，所以我們只好將巴哈的作品解釋為一種被隱藏的動機，或是一種被內化了的深邃境界，他總是在最後一頁寫上「一切榮耀獻給神」，彷彿解釋了所有音樂上的奇蹟，事實上卻什麼線索也沒有留下。海頓也有著虔誠的信仰，可是他以一種明快開朗的態度從事工作，他曾說：「上帝既然賜給我

一個愉快的天性，祂想必也不會反對，我以愉快的音樂服侍他。」他是一位各方面舉止合宜的紳士，以好奇與樂觀的態度看待世界，並且海頓留下足夠的文字、書信與訪談，來交代他的創作世界，那是一個明確又不複雜的世界。

總之，巴哈代表著舊世代的結束，在那個世代中，音樂家傾向認為自己是藝術工匠，純熟的音樂創作者，而海頓則代表新世代的開啓，作曲家逐漸脫離教堂或宮廷，訴諸社會大眾的認同和情感，他們更加服從內在的藝術呼聲，對時代潮流的回應也更快，這是兩者在動機與自覺方面最大的不同。

第四節 不同的小號語法

在之前的章節之中，討論過巴哈的作品中，小號較具代表性的譜寫手法，那些技法在古典時期，都幾乎不再使用了。除了在宗教上或慶典的代表性意涵上是不變的，那是號角長久存在的象徵意義。

海頓所慣用的小號演奏技法是簡樸的，兩聲部的配置固定出現在交響樂或其他大型宗教作品中，使用的音域不超過兩個八度，不負責旋律部分，主要是與鼓一起，加強和聲與節奏的力量，如果把巴哈管弦樂作品中小號聲部去掉 Clarin · 的部分，僅留下 Principale 聲部，兩者或許頗為相近。

海頓時代，小號並不負責演奏旋律，Clarin · 的技法容已失傳，或是不再受重用，因為古典風格摒棄了巴洛克對位式的繁複結構，小號不再需要走到那麼高的音域，既然小號已被歸類為背景樂器，它的份量自然是少之又少，只有絕對必要時出現一下。整體而言，小號在古典時期是低調的，並不受到重視。

如果說，海頓晚年的小號協奏曲扭轉了上述的現象，倒也太過樂觀了，因為按鍵式小號並未獲致成功與認同，小號的演奏技法正式全面翻轉，要等到白遼士發表《幻想交響曲》

（一八三三年）之後，才真正發生，歸功於活塞與轉閥裝置的發明以及浪漫樂派新的音樂織度。

海頓的小號協奏曲之所以成功，幾乎完全歸功於海頓的音樂天才，他兩次走訪倫敦，親耳聆聽了當時仍頻繁上演的韓德爾神劇，想必大受啟發，當中的小號華麗的巴洛克風格吹奏，必定也影響了海頓。幾首倫敦交響曲中，小號的份量變重了，音域也變高了些，應該也與此有關。然而海頓的偉大之處尚不止於此，他以最緊湊工整的形式，出奇不意的和聲轉換以及只能以「優美」二字形容的明快旋律，在音樂裏織入他獨特的幽默、機智與寬大。對我而言，海頓在小號協奏曲中選擇的音域範圍，最讓人敬佩，他大膽地使用他前三十年未曾使用的音域，完全出人意料之外，其創意與精準的配置，到今天仍教人嘖嘖稱奇。事實上，後來的作曲家也不曉得該如何超越海頓的作品，除了亨麥爾的 E 大調小號協奏曲之外，海頓的降 E 大調協奏曲，居然是古典時期以降最孤立的協奏曲種類。

總體而言，小號在音樂史上的最高峰，毫無疑問的是巴洛克時期，而古典時期則是小號最沈寂的時代，海頓晚年譜寫的小號協奏曲，真可說是那沈寂的時代最出人意表的美麗驚喜。

第五節　配器原則的不同

當然，如果一味地認爲古典音樂時期，小號在配置上無足輕重，甚至無關緊要，那麼事實並非如此。海頓生活在一個越來越重視配器法的時代，每一種樂器均依其最適當的音域與音色分配至效果最佳的位置，這種思維方式當然符合啓蒙運動所主張的自然、均衡與和諧特徵，主從分明且層次明確。在古典時期交響曲的譜寫原則裏，上述的配器理念是核心觀念，往往某些看似平淡且無關大局的節奏或音色配置，卻是營造氣氛的關鍵處。類似如此，以最簡約的手法創造強大戲劇效果的技巧，當然只有如海頓、莫札特或貝多芬等名家，才可能得心應手，否則只要稍一不慎，就可能落得平庸甚至乏味之譏。

不可否認地，古典時期的作品中，充斥著許多格式工整、首尾俱全的劣質創作，正如同其他的時代一般，真正有靈氣的創作可謂鳳毛麟角，極爲難得；然而拜古典主義之賜，音樂織度被簡化了，間接降低了創作的門檻，也使得劣質品數量大增，這樣的情形在巴洛克時期較爲少見，試問有幾人能隨意的作出一首四聲部賦格呢？若非思慮周密、技巧純熟的音樂家，恐怕是難以辦到。但是任何具備粗淺鍵盤知識的

初學者，都可以不困難的以左手分解和弦即興一段十六小節的句子。古典風格容易傳播，也更容易被理解與記憶，然而在創作中展現氣質、天分和藝術性，卻又何其困難！

　　巴哈與海頓既然分屬兩個世代，風格完全不同，配器的思維當然也大不相同。但在不同之中，也有若干同質性。儘管巴哈的音樂營造方式，是以管風琴為思想基礎，而海頓則是偏向以弦樂合奏（如四重奏）為基礎，但兩者皆是音色的魔術師，總是能在空氣中調配出理想的色彩。因此，小號在巴哈作品中的華麗變化，是困難的，而在海頓作品中的收斂簡約也是困難的，兩者都需要極強的控制力與結構的洞察力，才能做得到樂曲的要求。

第六節　不同的記譜手法

在任何古典時期的交響曲或協奏曲的總譜上，都可以發現許多巴洛克時期所沒有的演奏指示。這些演奏指示，當然遠不及浪漫樂派作曲家，在譜上鉅細靡遺的標示和說明，來得詳細，但已經傾向於給予逐句力度指示，全不同於巴洛克作曲家極少標示力度的作法。其實，這個現象反映出日益蓬勃的出版事業，音樂作品如果缺少表情記號，將難以在不同的時空重現一致的水準。當然，我們絕不可將此一現象延伸解釋為，巴洛克時期或更早的音樂作品，缺乏表情或強弱，當時的音樂必定具備所有深刻的感情或藝術上的要素，之所以樂譜上沒有太多強弱記號或表情術語，可能是作曲家總是親自在場參與演奏，他可以直接指導其他成員如何表演，以適切地呈現作品內涵，此外，也可能早期的樂手享有更多自我判斷的空間，由於編制的變動很大，當某樣樂器出缺時，另一種樂器就自動補上空缺，也就是說，同一聲部存在著多種音色的可能性，既然變動隨時都會發生，太明確的標示似乎並不需要。

然而巴哈與海頓的音樂風格差異並不僅限於記譜手法上的不同，前面提到，巴哈的音樂思維是以管風琴為中心架

構，因此他對每一個聲部都給予相等的關注，相同的動機會同時在每一個聲部上發展，而海頓的時代早已摒棄了上述手法，主題與樂器的關係，幾乎是像歌劇中的角色和聲音的聯結一般的固定與自然。此外，巴哈的作品中有著頻繁的和聲轉換，但都以近系調或本調爲範圍，海頓的作品和聲轉換比較緩慢，但已有許多遠系調的驚奇效果被運用；從和聲轉換的頻率來看，巴哈的持續低音風格，會給人一種運轉不歇、精力無窮的感受。而海頓的音樂則是主從分明，主題提供旋律、伴奏提供節奏感與韻律感，而感情描寫，則要依靠饒富深意的和聲轉換來幫忙，既然古典時期音樂和聲節奏（轉換頻率）較緩，自然也產生了更多強弱對比或漸強漸弱的空間；十八世紀的音樂品味，就是由這種更容易欣賞的風格所主導的。

第七節　不同的情感訴求方式

　　最後，也是最重要的探討重點，在於音樂情緒的表達方式；任何人只要先後聆聽巴哈的布蘭登堡協奏曲第二號與海頓小號協奏曲，就必定能體會到，它們是完全不同的作品風格，主要的原因並不在於格式或主題之不同，而是它們情感表達方式不同，音樂情緒的鋪陳不同，換句話說，巴哈與海頓是分別以不同的方式與聽眾溝通，由於溝通方式的不同而帶給聽眾截然不同的感受。

　　之前已分析過古典時期肇始的文藝新思潮以及音樂在曲式和曲種上的改變。表面上，古典時期是一個簡化運動，是一個拒絕誇張繁複、迎接自然、均衡與節制的運動，事實上，古典時期作曲家很快就認識到，僅止如此，是遠遠不足的，他們要在音樂中建立一個更深刻、更能打動人心的世界。明與暗、強與弱、協和與不協和，一切相對卻又互相彰顯的元素因此而被同時呈現在同一個樂章之中，有時甚至是同一段上下樂句緊接著出現或並存。

　　這就如同某些歌劇場景，各有心事的角色們共聚一堂，例如莫札特《唐喬凡尼》假面舞會一景的音樂，揉合了復仇、玩樂、嫉妒種種不同層次的情緒。這種表現手法在巴洛克音

樂中是找不到的，也就是說，這種戲劇性的對比與轉換，乃是古典時期最重要的發展和貢獻。

巴洛克時期的音樂，若是以巴哈的作品為代表的話，並不擅長在同一個樂章中表達兩個以上的不同情緒，當時的作曲家慣於以樂章來分別樂曲的情感，特定的樂章表達特定的情感，如布蘭登堡協奏曲第二號第一樂章，從頭到尾鋪陳出熱烈的歡樂氣氛，第二樂章優雅，第三樂章是活力。每個樂章都有特色，雖然對位式的衝突不斷，但方向十分單純，樂念是統一的。

然而在海頓小號協奏曲中，就可以發現其話中有話，情感的轉換非常頻繁，僅僅幾個音符，就標示出軍隊風格的信號樂。話鋒一轉，以小調吹奏出一段抒情的調子，形成強烈對比，再加上出奇不意的和聲轉換、突然的節奏停頓，營造出緊湊感，聆聽一個樂章像是欣賞了一齣完整的話劇。再以第二樂章為例，簡短的六八拍子西西里舞曲，當中有著精彩絕倫的轉調。降 A 大調來到平行調降 a（升 g）小調，再一轉進入 B 大調，而後短暫地轉入升 g 小調（降 a 小調），最後再平行回到降 A 大調，百折千迴一般地轉換情緒，只為三分半鐘的短歌而大費周章，不愧為古典樂派大師手筆。

巴哈與海頓的音樂，其實都是深深打動世人的傳世之

作，他們的藝術天分再加上不停歇的努力，真正砥礪出極真誠又強烈的情感，若是有所不同，也是因為不同時代風格所造成的音樂語言的不同；但是，無庸置疑地，在如此不同的語法之中，卻都能傳達出最美的訊息，讓身處二十一世紀的我們深受感動與啟發。

參考書目

中文書目

徐頌仁（1983），《歐洲樂團之形成與配器之發展》。台北：全
　音樂譜出版社。

徐頌仁，《音樂演奏的實際討論》。台北：大陸書局。

劉志明（1980），《西洋音樂史與風格》。台北：大陸書局。

劉志明（1981），《曲式學》。台北：大陸書局。

吳組強（1994），《曲式與作品分析》。台北：世界文物出版

許常惠（1970），《西洋音樂研究》。台北：台灣商務出版社。

莊思遠（2003），《法國號吹奏概念之引導與運用》。台北：綠
　保圖書。

克拉克；楊孟華譯（1985），《文明的腳印》。台北：好時年出
　版社。

卡爾涅大；陳鐘吾譯（1986），《西洋音樂史》。台北：五洲出
　版社

荀伯格；陳琳琳譯（1993），《從巴洛克到古典樂派》。台北：

自華印行。

皆川達夫；吳憶帆譯（1972）《巴洛克音樂》。台北：新潮文
　　庫。

康謳主編《大陸音樂辭典》。台北：大陸書局。

王沛綸主編《音樂辭典》。台北：樂友書房。

黃寤蘭主編（1997）《牛津音樂辭典》。台北：台灣麥克。

雷朋與肯道爾主編　；黃寤蘭中文版主編，《西洋音越百科全
　　書》──『古典音樂源起』（上、下冊）。台北：台灣麥克。

期刊論文

羅基敏（1998），《由『神劇』的發展看韓德爾的『彌賽亞』》；
　　省交樂訊　84：6-7。

陳國泮（1997），《不同凡響的巴洛克舞曲》（上）；省交樂訊
　　62：6-9。《不同凡響的巴洛克舞曲》（下）；省交樂訊　63：
　　3-6。

張麗昀（1998），《舒茲『德文聖母頌歌』樂曲來源、形式及
　　風格研究》；嘉義技術學院學報　54：121-142。

英文書目

Blume, Friedrich （1967）. *Renaissance and Baroque Music* . New York: Norton.

Bukofzer, Manfred F. （1947） *Music in the Baroque Era：From Monteverdi to Bach* . New York: Norton.

Rosen, Charles（1971） *The Classical Style：Haydn, Mozart, Beethoven* . New York: Norton.

Hoppin, R.H.（1978） *Anthology of Medieval Music* Washington Bible College．

Brown,H.M.（1976） *Music in the Renaissance* Englewood Cliffs.

Redlich, Hans.F.& Dale, Kathleen.（1952） *Claudio Monteverdi, Life and Works* . Oxford University Press.

Gordon, S.（1996） *A History of Keyboard Literature Music for the Piano and Its Forerunners* .Schirmer Books.

Rothchild, F.（1953） *The Lost Tradition in Music：Rhythm and Tempo in J.S. Bach's Time* .London.

Johnson, Keith. （2001） *Brass Performance and*

Pedagogy .Pearson Education.

Baines, Anthony.（1993） *Brass Instruments：Their History and Development* .Dover Publication.

Green, Douglass M.（1979） *Form in Tonal Music* Holt, Rinehart and Winston.

Hindley, Geoffrey .（Editor）（1986）*Larousse Encyclopedia of Music* Hamlyn.

Grout .*A History of Western Music.*W.W.Norton ＆ Company.

Sadie, Stanley（Editor）. New Grove's Dictionary of Music and Musician .

Mende, Emilie and Jean Pierre Mathez(1978). *Pictorial Family Tree of Brass Instrument in Europe*. Switzerland: Editions BIM.